सफलता 101

संघर्ष
और
सफलता
की
101
प्रेरक
जीवनियाँ

AF527168

सफलता 101

संघर्ष
और
सफलता
की
101
प्रेरक
जीवनियाँ

डॉ. सुधीर दीक्षित

MANJUL
मंजुल पब्लिशिंग हाउस

MANJUL

मंजुल पब्लिशिंग हाउस

कॉरपोरेट एवं संपादकीय कार्यालय

द्वितीय तल, उषा प्रीत कॉम्प्लेक्स, 42 मालवीय नगर, भोपाल-462003

विक्रय एवं विपणन कार्यालय

7/32, अंसारी रोड, दरियागंज, नई दिल्ली-110002

वेबसाइट : www.manjulindia.com

वितरण केन्द्र

अहमदाबाद, बेंगलुरू, भोपाल, कोलकाता, चेन्नई,
हैदराबाद, मुम्बई, नई दिल्ली, पुणे

यह हिन्दी संस्करण 2004 में पहली बार प्रकाशित
8वीं आवृत्ति 2018

कॉपीराइट © डॉ. सुधीर दीक्षित
सर्वाधिकार सुरक्षित

ISBN 978-81-86775-91-2

कवर फोटोग्राफ़ :

ऊपरी पंक्ति (बाएं से दाएं) : अब्दुल कलाम, अल्बर्ट आइंस्टीन, अमिताभ बच्चन, अज़ीम प्रेमजी, बिल गेट्स, ब्रूस ली, धीरूभाई अंबानी, जार्ज बर्नार्ड शॉ

दूसरी पंक्ति (बाएं से दाएं) : जार्ज गर्शविन, ग्रेटा गारबो, हेनरी फ़ोर्ड, जे. के. रोलिंग, कार्ल मार्क्स, लालबहादुर शास्त्री, मुहम्मद अली, नेल्सन मंडेला

तीसरी पंक्ति (बाएं से दाएं) : नारायण मूर्ति, सैम वाल्टन, थॉमस एडिसन, वाल्ट डिज़नी, विन्स्टन चर्चिल, बीथोवन, चार्ल्स डार्विन, गैलिलियो गैलिली

नीचे की पंक्ति (बाएं से दाएं) : जार्ज वॉशिंगटन, लेनिन, लियोनार्डो द विंची, अब्राहम लिंकन, राइट बंधु, मोज़ार्ट, मार्कोनी, लक्ष्मी मित्तल

संपादन : भूपेन्द्र शर्मा
कवर डिज़ाइन : अक्वेरियस इन्कॉरपोरेटिड

मुद्रण व जिल्दसाज़ी : थॉमसन प्रेस (इंडिया) लिमिटेड

यह पुस्तक इस शर्त पर विक्रय की जा रही है कि प्रकाशक की लिखित पूर्वानुमति के बिना इसे या इसके किसी भी हिस्से को न तो पुन: प्रकाशित किया जा सकता है और न ही किसी भी अन्य तरीक़े से, किसी भी रूप में इसका व्यावसायिक उपयोग किया जा सकता है। यदि कोई व्यक्ति ऐसा करता है तो उसके विरुद्ध कानूनी कार्रवाई की जाएगी।

विषयसूची

व्यवसायी एवं उद्योगपति

वैज्ञानिक एवं आविष्कारक

लेखक एवं साहित्यकार

प्रस्तावना

हर व्यक्ति जीवन में सफल होना चाहता है। कोई सफल वैज्ञानिक बनना चाहता है तो कोई सफल साहित्यकार या बिज़नेसमैन। क्षेत्र अलग-अलग हो सकते हैं, परंतु सफलता सभी चाहते हैं।

मुश्किल यह है कि ज़्यादातर लोगों को यह पता नहीं होता कि सफलता कैसे हासिल की जाती है। यही वजह है कि वे जीवन में सफल नहीं हो पाते। अगर आपको मोटरसाइकल चलाना नहीं आता, तो आप मोटरसाइकल नहीं चला सकते, उसी तरह अगर आप यह नहीं जानते कि सफलता कैसे हासिल की जाती है, तो आप सफल नहीं हो सकते हैं।

यह स्पष्ट है कि अगर हम सफल होना चाहते हैं, तो हमें सफलता के सूत्र या रहस्य सीखने होंगे। समस्या यह है कि इन्हें कहाँ सीखा जाये। बाज़ार में ऐसी पुस्तकों की बाढ़ आई हुई है, जो जीवन में फटाफट सफलता दिलाने का वादा करती हैं। ऐसे में आप इस मोटे सिद्धांत की तरफ़ ध्यान दें : अगर आप गणित सीखना चाहते हैं, तो आप गणितज्ञों से सीखते हैं; अगर आप चित्रकला सीखना चाहते हैं, तो आप चित्रकारों से सीखते हैं, इसी तरह अगर आप सफलता के सूत्र सीखना चाहते हैं, तो आपको सफल लोगों से सीखना चाहिये।

यह जानें कि सफल लोगों को सफलता कैसे मिली, उन्होंने अपने सामने आई मुश्किलों, चुनौतियों और बाधाओं का कैसे सामना किया, किन आदतों या गुणों की वजह से वे सफल हुए। इससे दो लाभ होंगे : पहला तो यह कि सफल व्यक्तियों की जीवनियाँ आपको प्रेरित और प्रोत्साहित करेंगी। दूसरा यह कि उनके जीवन के विश्लेषण से आप ऐसी आदतें और गुण सीख सकेंगे, जो आपको भी सफल बना देंगी।

सफलता-101 को सफलता की पाठ्यपुस्तक के रूप में तैयार किया गया है, जो मुश्किलों से संघर्ष करने की प्रेरणा दे और जीवन में आगे बढ़ने के लिये प्रोत्साहित करे। यह आपकी सफलता की सीढ़ी की पहली

पायदान हो सकती है। इसका कारण यह है कि इसमें 101 सफल व्यक्तियों के जीवन का गहन अध्ययन करके सफलता के सूत्र खोजे गये हैं और रोचक भाषा में बताये गये हैं।

इस पुस्तक को लिखने के लिये हज़ारों सफल व्यक्तियों के जीवन के अध्ययन के बाद ऐसे 101 व्यक्तियों को चुना गया, जिन्होंने प्रबल संघर्ष के बाद ज़बर्दस्त सफलता हासिल की है। इस पुस्तक में उन महान लोगों की प्रेरणादायक तथा शून्य से शिखर तक पहुँचने की कहानियाँ हैं, जो कभी ग़रीबी, अशिक्षा या असफलता के शिकार थे, परंतु जिन्होंने हार मानने से इंकार कर दिया तथा अपनी प्रतिभा, संघर्ष और हौसले के दम पर आशातीत सफलता हासिल की।

—डॉ. सुधीर दीक्षित

व्यवसायी एवं उद्योगपति

'एकाग्रता मेरा सूत्रवाक्य है -
पहले ईमानदारी, फिर मेहनत,
फिर एकाग्रता।'

- एन्ड्रयू कारनेगी

1

एन्ड्रयू कारनेगी (1835–1919)

प्रख्यात अमेरिकी उद्योगपति तथा स्टील किंग एन्ड्रयू कारनेगी अपने युग के सबसे अमीर व्यक्तियों में से एक थे। बहरहाल, स्कॉटलैंड में जन्मे कारनेगी को स्कूली शिक्षा नसीब नहीं हुई थी। 13 वर्ष की उम्र में वे सफल होने का सपना लेकर अमेरिका आये। सबसे पहले उन्होंने पेनसिल्वेनिया में एक सूती मिल में मजदूरी की। उन्हें हर सप्ताह 1.20 डॉलर मिलते थे। बहरहाल, कारनेगी के मन में सफलता का सपना था, इसलिये उन्होंने नई चीज़ें सीखने तथा नये अवसर तलाशने का निरंतर प्रयास किया। टेलीग्राफ़ी सीखने की वजह से उन्हें पेनसिल्वेनिया रेलरोड में प्राइवेट सेक्रेटरी तथा टेलीग्राफ़र की नौकरी मिल गई। उनकी लगन, सीखने की आदत तथा मेहनत की बदौलत उन्हें प्रमोशन मिलते चले गये और वे पिट्सबर्ग क्षेत्र के सुपरिंटेंडेंट बन गये।

उनके मन में अपना ख़ुद का बिज़नेस करने का सपना था, इसलिये वे पैसे बचाकर निवेश करते रहे। पुलमैन पैलेस कार कंपनी तथा तेल के क्षेत्र में उन्होंने जो निवेश किया, उससे वे इतने अमीर हो गये कि उन्होंने नौकरी छोड़कर ख़ुद की स्टील कंपनी शुरू की। नई मशीनों तथा नई तकनीकों की बदौलत कारनेगी ने इतनी तरक्की कर ली कि वे एक के बाद एक कंपनी खोलते गये। 1901 में उन्होंने अपनी कंपनी 25 करोड़ डॉलर में बेच दी और रिटायर हो गये।

अपने जीवनकाल में एन्ड्रयू कारनेगी ने 35 करोड़ डॉलर से अधिक की संपत्ति शिक्षा, संस्कृति तथा शांति के क्षेत्र में कार्यरत संस्थाओं को दान में दे दी। कारनेगी शून्य से शिखर तक इसलिये पहुँचे क्योंकि वे लगातार सीखते रहे और भविष्य के लिये ख़ुद को तैयार करते रहे।

'एकसूत्रीय लक्ष्य जीवन में सफलता का प्रमुख तत्व है, चाहे लक्ष्य कुछ भी हो।'

- जॉन डी. रॉकफ़ेलर

2

जॉन डी. रॉकफ़ेलर (1839–1937)

स्टैंडर्ड ऑयल कंपनी के संस्थापक और प्रख्यात अमेरिकी उद्योगपति जॉन डी. रॉकफ़ेलर बहुत कम शिक्षित थे। सोलह वर्ष की उम्र में वे बुककीपर का काम करने लगे। उनके मन में बिज़नेस करने का सपना था, इसलिये उन्होंने 23 वर्ष की उम्र में ऑयल बिज़नेस के क्षेत्र में क़दम रखा। अपनी बुद्धि से प्रतियोगियों को परास्त करते हुए रॉकफ़ेलर अमेरिका की 90 प्रतिशत ऑयल रिफ़ाइनरीज के मालिक बन गये।

अमीर बनने के लिये रॉकफ़ेलर दिन-रात काम में जुटे रहते थे। अपनी दृढ़ इच्छा शक्ति, जुझारू प्रवृत्ति, लगन तथा प्रतियोगी स्वभाव की वजह से वे अमेरिका के ऑयल किंग बनने में सफल हो पाये। वे चौबीसों घंटे काम के बारे में ही सोचते रहते थे। मौज-मस्ती या मनोरंजन में वे ज़रा भी वक़्त बर्बाद नहीं करते थे। वे कभी थियेटर नहीं जाते थे, ताश नहीं खेलते थे, पार्टी में नहीं जाते थे। उनके लिये काम ही सब कुछ था। एकनिष्ठता से अपने लक्ष्य का पीछा करने की वजह से ही वे बिलियनेअर बनने में सफल हुए।

बहरहाल, चिंता, तनाव व दबाव की जीवनशैली का उनके शरीर पर बुरा प्रभाव पड़ा। वे बीमार पड़ गये। डॉक्टरों ने उनसे स्पष्ट कह दिया कि या तो वे रिटायर हो जायें या फिर मरने की तैयारी कर लें। मौत के इतने क़रीब आने के बाद रॉकफ़ेलर को यह समझ में आया कि पैसा महत्त्वपूर्ण तो है, परंतु वह साधन है, साध्य नहीं है। उन्होंने चिकित्सा तथा शिक्षा के विकास के लिये लगभग 55 करोड़ डॉलर दान में दिये और रॉकफ़ेलर फ़ाउंडेशन की स्थापना की, जो उनके मरने के बाद भी दुनिया भर में बीमारी और अज्ञान से लड़ रहा है।

‘बिज़नेस में सफलता का रहस्य
कोई ऐसी चीज़ जानना है,
जिसे कोई दूसरा नहीं जानता।’

- एरिस्टोटल ओनासिस

3

फ्रैंक वूलवर्थ (1852-1919)

दुनिया के महान रिटेल व्यवसायी फ्रैंक वूलवर्थ का बचपन बहुत ग़रीबी में बीता। उन्हें साल में छह महीने नंगे पैर रहना पड़ता था और जाड़े में पहनने के लिये उनके पास गर्म कपड़े नहीं थे। बहरहाल, इस ग़रीबी ने ही उन्हें अमीर बनने की प्रेरणा दी।

21 साल की उम्र में वे कारथेज, न्यू यॉर्क पहुँचे और एक स्टोर में बिना तनख़्वाह के काम करने लगे, ताकि वे सीख सकें और अनुभव हासिल कर सकें। बाद में वे एक ड्राइ गुड्स स्टोर में काम करने लगे। यहाँ पर पंद्रह घंटे काम करने के बदले में उन्हें सिर्फ़ पचास सेंट मिलते थे। कुछ समय बाद उन्हें दूसरे स्टोर में दस डॉलर प्रति सप्ताह की नौकरी मिल गई। मालिक ने एक दिन उनसे कहा कि वे निकम्मे, नालायक और नाकारा हैं। वूलवर्थ सब कुछ छोड़-छाड़कर अपने खेत पर लौट आये। यहाँ वे नर्वस ब्रेकडाउन के शिकार हो गये।

एक साल बाद अचानक उनके पुराने मालिक ने उन्हें वापस बुलाया। कुछ समय तक वहाँ काम करने के बाद उनके दिमाग़ में एक अनोखा विचार आया : क्यों न एक ऐसा स्टोर खोला जाये, जिसमें हर सामान पाँच और दस सेंट की क़ीमत पर मिले। 300 डॉलर उधार लेकर उन्होंने 1879 में लैंकास्टर में ऐसा स्टोर खोला और 1911 तक अमेरिका तथा अन्य देशों में उनके 1000 से अधिक स्टोर खुल चुके थे। उनकी सफलता का प्रमाण थी 1913 में बनी वूलवर्थ बिल्डिंग, जो उस समय दुनिया की सबसे ऊँची इमारत थी। कभी निराशा के शिकार रहे फ्रैंक वूलवर्थ के पास मृत्यु के समय 6.5 करोड़ डॉलर की व्यक्तिगत संपत्ति थी। वूलवर्थ एक क्रांतिकारी विचार की वजह से सफल हुए, जिस पर अमल करके उन्होंने अपने असफल जीवन को बेहद सफल बना लिया।

*‘जीवन हमें जो ताश के पत्ते देता है,
उन्हें हर खिलाड़ी को स्वीकार करना
पड़ता है। लेकिन जब पत्ते
हाथ में आ जायें, तो खिलाड़ी को यह
तय करना होता है कि वह उन पत्तों
से किस तरह से खेले,
ताकि वह बाज़ी जीत सके।’*

- वॉल्टेयर

4

किंग सी. जिलेट (1855-1932)

आज जिलेट कंपनी का कारोबार 200 से अधिक देशों में फैल चुका है और इसके पास अरबों डॉलर की संपत्ति है, परंतु एक वक़्त ऐसा भी था, जब इसके संस्थापक किंग सी. जिलेट 49 वर्ष की उम्र में लगभग दिवालिया हो चुके थे और पूँजी की तलाश में दर-दर भटक रहे थे।

जिलेट ने अपना करियर एक हार्डवेअर कंपनी में क्लर्क के रूप में शुरू किया। 21 साल की उम्र में वे सेल्समैन बने और अगले 28 सालों तक सेल्समैन के रूप में ही सड़कों पर घूमते रहे। जिलेट को एक बार किसी ने यह सुझाव दिया कि वे कोई ऐसी चीज़ बनायें, जिसे लोग एक बार उपयोग करके फेंक दें, ताकि वह अधिक मात्रा में बिक सके। यह विचार जिलेट के मन में बैठ गया और वे डिक्शनरी पलटते रहे, ताकि किसी शब्द से उनके मन में कोई नया विचार आ जाये। एक दिन जब 1895 में जिलेट अपने भौंथरे उस्तरे से दाढ़ी बना रहे थे, तो उनके मन में ब्लेड बनाने का विचार कौंधा।

विचार बहुत दमदार था, मगर उनके पास न तो ब्लेड बनाने की मशीन थी, न ही पूँजी। जब मशीन बनी, तो उसकी लागत इतनी अधिक थी कि जिलेट बुरी तरह क़र्ज़ में डूब गये। 1902 में बोस्टन के करोड़पति जॉन जॉयस ने उनके शेयर सस्ते दामों पर ख़रीदकर उन्हें पूँजी दी।

जनता ने शुरुआत में ब्लेडों में अधिक रुचि नहीं दिखाई। एक साल में सिर्फ़ 51 रेज़र ही बिके और वे भी डाक से, परंतु कुछ समय बाद अमेरिकी पेटेन्ट ऑफ़िस ने जिलेट को रेज़र के अधिकार दे दिये। जिलेट ने रेज़र और ब्लेड तत्काल दुकानों पर रखवा दिये। इसके बाद उनकी ब्लेड ऐसी चली कि उसने दुनिया का हुलिया ही बदल डाला।

'अगर आपको विश्वास है कि आप कर सकते हैं या अगर आपको विश्वास है कि आप नहीं कर सकते, तो दोनों ही स्थितियों में आप सही हैं।'

\- हेनरी फ़ोर्ड

5

हेनरी फ़ोर्ड (1863-1947)

कारों को लोकप्रिय बनाने वाले प्रख्यात अमेरिकी उद्योगपति हेनरी फ़ोर्ड का बिज़नेस करियर शून्य से शिखर तक पहुँचने का प्रेरक उदाहरण है। चालीस वर्ष की उम्र तक उनके कई बिज़नेस चौपट हो चुके थे और वे लगभग दिवालिया थे। किसान परिवार में जन्मे हेनरी फ़ोर्ड बचपन से ही मशीनों में रुचि लेते थे। अपने पिता के सो जाने के बाद वे घड़ियों से खेला करते थे। सोलह साल की उम्र में घर छोड़ने के बाद वे दिन में स्टीम इंजन सुधारने का काम करते थे और रात को घड़ी सुधारने का। हर दिन वे लगभग तेरह-चौदह घंटे काम करते थे।

फ़ोर्ड ने एक ऐसी कार बनाने का सपना देखा, जिसका बड़े पैमाने पर उत्पादन और उपयोग हो। वे इतनी सस्ती कार बनाना चाहते थे कि आम आदमी उसे ख़रीद सके। इस सपने को सच करने में वे लगन से जुटे और अंत में उन्हें सफलता मिली।

एक बार फ़ोर्ड एक ऐसा इंजन बनाना चाहते थे, जिसके आठों सिलेंडर एक ही ब्लॉक में हों। उन्होंने अपने इंजीनियरों से ऐसा करने को कहा। मन ही मन में हँसते हुए इंजीनियरों ने कहा कि यह असंभव है, परंतु फ़ोर्ड ने कहा कि इस काम को करना ही है। मन मसोसकर इंजीनियरों ने एक साल तक मेहनत की, लेकिन वे सफल नहीं हुए। इंजीनियरों को लगा कि अब फ़ोर्ड अपनी ज़िद छोड़ देंगे, परंतु फ़ोर्ड अपनी ज़िद पर अड़े रहे। उन्होंने इंजीनियरों से कहा कि वे इस काम में तब तक जुटे रहें, जब तक कि वे सफल न हो जायें। लगातार मेहनत करने के बाद आख़िरकार एक दिन इंजीनियर वी-8 मोटर इंजन बनाने में सफल हो ही गये। असंभव शब्द फ़ोर्ड के शब्दकोश में नहीं था, इसी वजह से उन्हें यह इंजन बनाने में सफलता मिली।

'अगर किसी व्यक्ति को सड़क
साफ़ करने का काम दिया जाये,
तो उसे उसी तरह से सड़कें
झाड़ना चाहिये,
जिस तरह माइकल एन्जेलो
तसवीरें बनाते थे,
बीथोवन संगीत रचते थे या
शेक्सपियर कविता लिखते थे।'

- मार्टिन लूथर किंग

6

मैडम सी.जे. वॉकर (1867-1919)

मैडम सी.जे. वॉकर मिलियनेअर बनने वाली पहली अफ़्रीकी-अमेरिकी महिला थीं। उनके किसान माता-पिता दिहाड़ी करके अपना पेट पालते थे। बचपन में ही वे अनाथ हो गईं और उनकी विवाहित बहन ने उन्हें पाला। चौदह साल की उम्र में उनका विवाह कर दिया गया, ताकि उन्हें रहने के लिये घर मिल सके। 20 वर्ष की उम्र में ही वे विधवा हो गईं और लोगों के कपड़े धोकर अपना गुज़ारा करने लगीं। ज़रा सोचिये, बाद में मिलियनेअर बनने वाली यह महिला कभी दूसरों के कपड़े धोती थी।

38 वर्ष की उम्र में उनके जीवन में एक नाटकीय मोड़ आया। उन्हें अश्वेत महिलाओं के बाल बढ़ाने और सुंदर करने का एक फ़ॉर्मूला मिल गया। उन्होंने टब में साबुन और मरहम मिलाकर इसे तैयार किया था। बहुत से प्रयोग करने के बाद उन्होंने अपनी 'वॉकर तकनीक' को परिपूर्ण बना लिया। इसमें एक शैंपू, 'बाल बढ़ाने वाला' पोमेड और गर्म लोहे की कंघियों का प्रयोग शामिल था। इस तकनीक से कड़क से कड़क बाल भी चमकीले और नरम हो जाते थे। इसके अलावा उन्होंने अश्वेत महिलाओं के चेहरे के लिये क्रीम का फ़ॉर्मूला भी तैयार किया। उन्हें विश्वास था कि इन फ़ॉर्मूलों में व्यावसायिक सफलता की संभावना है।

पहले तो वे घर-घर जाकर सामान बेचती थीं। फिर उन्होंने दक्षिणी और पूर्वी इलाक़ों में कार्यक्रम आयोजित करके इन सामानों के चमत्कार सबके सामने दिखाये। उन्होंने डाक से भी सामान बेचा। उनका व्यवसाय इतना सफल हुआ कि उन्होंने मैडम सी.जे. वॉकर लेबोरेटरीज की स्थापना की, जहाँ न सिर्फ़ सौंदर्य प्रसाधन बनते थे, बल्कि एजेंटों तथा सौंदर्य विशेषज्ञों को प्रशिक्षण भी दिया जाता था। मैडम सी.जे. वॉकर ने एक विचार के दम पर अपनी क़िस्मत बदल डाली और लाखों महिलाओं की शक़्ल भी।

'अगर आप सफल होना चाहते हैं,
तो आपको सफलता के घिसे-पिटे
रास्तों पर चलने के बजाय
नये रास्ते बनाना चाहिये।'

- जॉन. डी. रॉकफ़ेलर

7

डे विट वैलेस (1889-1981)

डे विट वैलेस लोकप्रिय पत्रिका *रीडर्स डाइजेस्ट* के संस्थापक हैं, जिसकी करोड़ों प्रतियाँ 170 से ज़्यादा देशों में बिकती हैं।

रीडर्स डाइजेस्ट की सफलता के पीछे वैलेस के संघर्ष की कहानी छुपी है। जब वे 1918 में सेना के अस्पताल में भर्ती थे, तो उन्होंने बहुत सी पत्रिकायें पढ़ीं। उन्हें पढ़ते समय उनके मन में यह विचार आया कि अधिकांश लेख ज़रूरत से ज़्यादा लंबे थे। उन्होंने सोचा कि क्यों न इन लेखों को छोटा करके उनका सार प्रकाशित किया जाये, ताकि पाठकों को उन्हें पढ़ने में कम समय लगे।

अस्पताल से निकलने के बाद वैलेस ने संक्षिप्त लेखों का संकलन तैयार किया और कई प्रकाशकों के सामने अपनी योजना रखी। इन अनुभवी प्रकाशकों ने उन्हें दोटूक जवाब दिया कि इस तरह की पत्रिका सफल नहीं हो सकती। परंतु वैलेस को स्वयं पर और अपने विचार पर विश्वास था, इसलिये उन्होंने हार नहीं मानी और ख़ुद ऐसी पत्रिका निकालने का फ़ैसला किया। उन्होंने संभावित पाठकों को सीधे चिट्ठियाँ लिखकर अपनी योजना बताई। ग्राहकों से सदस्यता शुल्क के रूप में 5000 डॉलर इकट्ठे हो गये। बहरहाल, पत्रिका प्रकाशित करने के लिये 6300 डॉलर की ज़रूरत थी। इसलिये उन्होंने 1300 डॉलर उधार लिये और अंततः फ़रवरी 1922 में *रीडर्स डाइजेस्ट* का पहला अंक प्रकाशित हुआ।

वैलेस दंपति ने अपनी पत्रिका को सफल बनाने के लिये काफ़ी संघर्ष किया। लीला एक कंपनी में नौकरी करने लगीं, ताकि घर का ख़र्च चल सके। इसके बाद वे रात में पत्रिका का संपादकीय काम करती थीं। चूँकि उनके पास पत्रिकायें ख़रीदने के पैसे नहीं थे, इसलिये वैलेस लाइब्रेरी में दिन भर बैठकर लेख उतारते थे। कुछ साल में ही उनकी मेहनत रंग लाई और *रीडर्स डाइजेस्ट* सफल हो गई। वैलेस ने अंततः तथाकथित विशेषज्ञों को ग़लत साबित कर दिया।

'हम हमेशा इस बारे में सोचते हैं
कि हमारे पास क्या नहीं है।
हम इस बारे में बहुत कम सोचते हैं
कि हमारे पास कितना कुछ है।'

- शॉपेनहार

8

हरलेन सैन्डर्स (1890-1980)

क्या आप जानते हैं कि केन्टुकी फ़्राइड चिकन फ़्रैंचाइजी खोलने वाले हरलेन सैन्डर्स ने 60 साल की उम्र में अपना बिज़नेस शुरू किया था? रोचक बात यह है कि जब वे केन्टुकी फ़्राइड चिकन की अपनी विधि को लेकर रेस्तराँ मालिकों के पास गये, तो उन्होंने कहा कि यह बाज़ार में सफल नहीं होगी। उन रेस्तराँ मालिकों ने सपने में भी नहीं सोचा था कि सैन्डर्स की यह विधि दुनिया भर में लोकप्रिय हो जायेगी। सैन्डर्स बूढ़े थे, ग़रीब थे और उनका जीवन असफलताओं से भरा हुआ था। कोई दूसरा होता, तो उसने हार मान ली होती, परंतु हरलेन सैन्डर्स में लगन थी, धैर्य था, ख़ुद पर विश्वास था। इसी वजह से वे दुनिया भर में केन्टुकी फ़्राइड चिकन के फ़्रैंचाइजी खोल पाये। सैन्डर्स ने जब यह बिज़नेस शुरू किया, तो उनके पास सिर्फ़ 87 डॉलर थे। कभी रेस्तराँ में बर्तन धोने वाले सैन्डर्स बाद में करोड़पति बन गये।

सैन्डर्स की सफलता यह साबित करती है कि सफलता का उम्र से कोई संबंध नहीं होता। जो लोग यह मानते हैं कि अधिक उम्र हो जाने की वजह से वे कोई नया काम नहीं कर सकते, शायद उन्हें उन सफल लोगों की जानकारी नहीं है, जिन्होंने 50 साल की उम्र के बाद सफलता हासिल की है। रे क्रॉक ने मैक्डॉनल्ड्स फ़्रैंचाइजी की स्थापना 53 वर्ष की उम्र में की। राष्ट्रपति रीगन ने 70 साल की उम्र में पहली बार राष्ट्रपति पद की शपथ ली। मैरी के ऐश ने अपनी मल्टीलेवल मार्केटिंग कंपनी 52 साल में शुरू की। वाल्ट डिज़नी ने 54 साल की उम्र में डिज़नीलैंड बनाया। कार्ल मार्क्स ने *दास कैपिटल* 59 वर्ष की उम्र में लिखी। 75 वर्ष की उम्र में नेल्सन मंडेला दक्षिण अफ़्रीका के राष्ट्रपति बने। इन लोगों की सफलता से यह साबित होता है कि प्रगति की राह में असली बाधा अधिक उम्र नहीं, बल्कि अधिक उम्र का बहाना है।

‘जीवन दूध के समुद्र की तरह
है।
आप इसे जितना मथेंगे,
आपको इससे उतना ही मक्खन
मिलेगा।’

- घनश्याम दास बिड़ला

9

घनश्याम दास बिड़ला (1894-1983)

भारत के प्रख्यात उद्योगपति घनश्याम दास बिड़ला ने अपने बिज़नेस करियर की शुरुआत शून्य से की थी और उनकी मृत्यु के समय बिड़ला ग्रुप में 200 कंपनियाँ थीं, जिनके पास 2,500 करोड़ की संपत्ति थी।

बिड़ला ने अपने बिज़नेस करियर की शुरुआत जूट ब्रोकर के रूप में की। वे अपने भाई के साथ एक कमरे के मकान में रहते थे। उसी कमरे में वे सोते थे, खाना बनाते थे तथा कपड़े धोते थे। बिड़ला पाँचवीं कक्षा से आगे नहीं पढ़े थे, परंतु उनके मन में आग थी और सफल उद्योगपति बनने का जज़्बा था।

उस ज़माने में जूट के व्यवसाय में अँग्रेज़ों का एकाधिकार था और बिड़ला इस एकाधिकार को तोड़ना चाहते थे। इस प्रयास में बिड़ला को बहुत मुश्किलों का सामना करना पड़ा। जूट का व्यवसाय शुरू करने के लिये उन्हें बैंकों ने लोन देने से इंकार कर दिया। यही नहीं, अच्छी ज़मीन ख़रीदने की राह में भी अँग्रेज़ों ने रोड़े अटकाये, क्योंकि अँग्रेज़ नहीं चाहते थे कि जूट के व्यवसाय में कोई हिंदुस्तानी उनका प्रतिद्वंद्वी बने। बिड़ला ने अपनी मिल शुरू करने के लिये जो विदेशी मशीनें बुलाई थीं, रुपये का भाव गिरने के कारण उनकी क़ीमत लगभग दुगनी हो गई थी। बहरहाल, बिड़ला सारी मुसीबतों से जूझते हुए अपनी मंज़िल की तरफ़ बढ़ते रहे।

जूट का बिज़नेस शुरू करने के बाद उन्होंने बहुत सी कंपनियाँ स्थापित कीं। बिड़ला इतनी आगे की सोचते थे कि जब वे कोई नई मशीन बाहर से बुलवाते थे, तो उसके स्पेयर पार्ट्स भी साथ में ही बुलवा लेते थे, ताकि मशीन ख़राब होने पर काम न रुके।

घनश्यामदास बिड़ला न सिर्फ़ महान उद्योगपति थे, बल्कि महान परोपकारी भी थे। उन्होंने कई मंदिर तथा ट्रस्ट बनवाये, पिलानी में बिड़ला इंस्टीट्यूट ऑफ टेक्नॉलोजी ऐंड साइन्स बनवाया, मुंबई में अस्पताल बनवाया और देश भर में स्कूल-कॉलेज बनवाये।

*‘एक मशीन पचास साधारण
आदमियों का काम कर सकती है,
लेकिन कोई भी मशीन एक असाधारण
आदमी का काम नहीं कर सकती।’*

- अल्बर्ट हबार्ड

10

रे क्रॉक (1902-1984)

रे क्रॉक ने मैकडॉनल्ड्स फ़्रैंचाइजी चेन बनाकर पूरी दुनिया में अपना कारोबार फैलाया। 1984 में जब उनकी मृत्यु हुई, तो उनकी संपत्ति 50 करोड़ डॉलर से अधिक थी और उन्होंने 30 देशों में 7778 रेस्तराँ खोल लिये थे, जिनसे 3 बिलियन डॉलर की बिक्री होती थी।

रे क्रॉक ने अपने जीवन में बहुत से असफल बिज़नेस किये। पहले उन्होंने फ़्लोरिडा में रियल एस्टेट बेचने की कोशिश की। फिर उन्होंने एक ट्रैवलिंग बैंड में पियानो बजाने की कोशिश की। प्रथम विश्वयुद्ध के दौरान वे कुछ समय तक फ़्रांस में एम्बुलैंस ड्राइवर भी रहे। सत्रह साल तक उन्होंने लिली ट्यूलिप कप कंपनी के लिये सेल्समैन के रूप में काम किया। फिर उन्होंने अपनी ख़ुद की कंपनी बनाई और तेरह साल तक मल्टी-मिक्सर्स बेचे।

रे क्रॉक की क़िस्मत का सितारा 52 वर्ष की उम्र में चमका। अपनी सेल्स रिपोर्ट में उन्होंने देखा कि उनके मल्टी-मिक्सर्स का सबसे बड़ा ख़रीदार एक रेस्तराँ है, जिसे दो भाई चलाते हैं। क्रॉक उस रेस्तराँ में गये। वहाँ उन्होंने देखा कि लोग लाइन में खड़े होकर 15 सेंट के हैमबर्गर के लिये हल्ला मचा रहे थे। क्रॉक ने मैकडॉनल्ड बंधुओं को प्रोत्साहित किया कि वे ऐसे और रेस्तराँ खोलें, ताकि उनके मल्टी-मिक्सर्स ज़्यादा बिकें। परंतु डिक मैकडॉनल्ड ने यह कहते हुए इंकार कर दिया कि वे इतने से ही संतुष्ट हैं।

फिर क्रॉक के मन में यह विचार आया कि क्यों न वे ख़ुद मैकडॉनल्ड्स रेस्तराँओं की चेन बना लें। उन्होंने तत्काल मैकडॉनल्ड बंधुओं से फ़्रैंचाइजी अधिकार ख़रीद लिये। रे क्रॉक ने 1955 में शिकागो के उपनगर डेस प्लेन्स में अपना पहला मैकडॉनल्ड्स रेस्तराँ खोला, जो तत्काल सफल हो गया और फिर उन्होंने पीछे मुड़कर नहीं देखा।

‘मनुष्य परिस्थितियों का दास नहीं,
बल्कि उनका स्वामी है।’

- बेंजामिन डिज़राइली

11

सोइशिरो होंडा (1906-1991)

होंडा मोटर्स के संस्थापक सोइशिरो होंडा द्वितीय विश्वयुद्ध के बाद दिवालिया थे। अमेरिकी बमबारी के बाद उनकी फ़ैक्ट्री तबाह हो चुकी थी और उनका सब कुछ ख़त्म हो गया था। उनके पास आजीविका का कोई साधन नहीं था, लेकिन उन्होंने हार नहीं मानी और दुनिया की बेहतरीन ऑटोमोबाइल कंपनी स्थापित की।

उन्होंने बहुत मुसीबतों के बाद सफलता पाई। पहले तो अमेरिकी बमबारी ने उनकी फ़ैक्ट्री तबाह कर दी, फिर एक भूकंप ने उनके ऑटो पार्ट्स के प्लांट को नष्ट कर दिया। इसके बावजूद होंडा ने हार मानने से इंकार कर दिया। उनके पास कार नहीं थी। प्रयोगशील होंडा ने एक बेकार जी.आई. इंजन लिया और उसे अपनी साइकल में लगाकर मोटरसाइकल बना डाली। एक मित्र ने इस 'मोटरबाइक' को देखा और होंडा से अपने लिये भी ऐसी ही मोटरसाइकल बनाने का आग्रह किया। फिर एक और मित्र, फिर एक और मित्र, और इस तरह यह सिलसिला चल पड़ा तथा होंडा मोटरसाइकल कंपनी का जन्म हुआ। जब उन्होंने 1948 में अपनी पहली फ़ैक्ट्री खोली, तो होंडा के पास उसके पार्ट्स ख़रीदने तक के पैसे नहीं थे। अपनी पत्नी के गहने बेचकर होंडा ने स्पेयर पार्ट्स ख़रीदे। होंडा की मेहनत तथा पत्नी का त्याग अंततः सफल हुआ और होंडा कंपनी दुनिया की सर्वश्रेष्ठ कंपनियों में से एक बन गई।

होंडा को 'हेनरी फ़ोर्ड के बाद दुनिया का महानतम इंजीनियर' कहा जाता है। यह बहुत बड़ी बात है, क्योंकि होंडा ने आठवीं कक्षा के बाद स्कूल छोड़ दिया था। होंडा अमेरिकन ऑटोमोबाइल हॉल ऑफ़ फ़ेम में चुने जाने वाले पहले जापानी एक्ज़ीक्यूटिव हैं। सोइशिरो होंडा को इसमें इसलिये चुना गया, क्योंकि उन्होंने कैटेलिटिक इंजन की एक ऐसी जटिल समस्या को सुलझा दिया था, जो उच्च-शिक्षित डेट्रॉइट इंजीनियरों से भी नहीं सुलझी थी।

'सफलता अक्सर उन लोगों
के पास आती है जो जोखिम लेते हैं
और काम करते हैं। यह शायद ही
कभी उन कायरों के पास जाती है,
जो हमेशा परिणामों से डरते हैं।'

\- जवाहरलाल नेहरू

12

एस्टी लॉडर (1907-2004)

अमेरिका की सबसे बड़ी कॉस्मेटिक्स फ़र्म की संस्थापक एस्टी लॉडर न्यू यॉर्क की झुग्गी बस्ती में बड़ी हुईं। बचपन में ही उन्होंने ग़रीबी को क़रीब से देखा था और ग़रीबी के दलदल से बाहर निकलने का संकल्प कर लिया था। अंततः अपनी लगन, मेहनत तथा दृढ़ संकल्प की वजह से उन्होंने बिलियन डॉलर का व्यवसाय करने वाली कंपनी बना ली।

जब उन्होंने कॉस्मेटिक्स का बिज़नेस शुरू किया, तो लोगों ने उन्हें यह काम न करने की सलाह दी, क्योंकि इसमें बहुत अधिक प्रतियोगिता थी। उनके वकील ने उनसे कहा था, 'यह काम न करें। कॉस्मेटिक्स उद्योग में मृत्यु दर बहुत अधिक है और आप एक दिन पछतायेंगी कि आपने एक असंभव बिज़नेस को शुरू करने में अपनी बचत और समय बर्बाद किया।' सौभाग्य से उन्होंने इस सलाह पर ध्यान नहीं दिया और अपने सपने को साकार करने की दिशा में मेहनत करती रहीं।

वे दिन-रात अपने बिज़नेस को सफल बनाने के लिये मेहनत करती थीं। रात को वे सौंदर्य प्रसाधन बनाती थीं और दिन में उन्हें दुकानों के शेल्फ़ तथा ग्राहकों के घर पर पहुँचाने का काम करती थीं। लॉडर अपने सौंदर्य प्रसाधनों को बेचने के लिये जनरल स्टोर्स पर निर्भर नहीं रहीं। उन्होंने सड़क की नुक्कड़ों, फुटपाथ, मित्रों और ग्राहकों के घरों, होटल के कमरों और ब्यूटी पार्लरों में अपने सौंदर्य प्रसाधन रखवाकर बेचे।

लॉडर इस सिद्धांत में विश्वास करती थीं कि 'हम जितना अधिक देंगे, ईश्वर हमें उतना ही अधिक देगा।' इसलिये उन्होंने 'सामान के साथ मुफ़्त उपहार' देने की परंपरा शुरू की। एस्टी लॉडर की प्रतियोगी कंपनियाँ विज्ञापनों में काफ़ी पैसे ख़र्च करती थीं। परंतु उन्होंने विज्ञापन देने के बजाय मुफ़्त उपहार देने की योजना बनाई, जिससे उनका प्रचार अपने आप हो गया और उन्हें कॉस्मेटिक उद्योग में आशातीत सफलता मिली।

'अपनी सफलताओं के बजाय
मैंने अपनी असफलताओं से
अधिक सीखा है।'

- सर हम्फ्री डेवी

13

सैम वाल्टन (1918-1992)

1985 में *फ़ोर्ब्स* मैग्जीन ने सैम वाल्टन को अमेरिका का सबसे अमीर व्यक्ति घोषित किया। अमेरिका में उनके 1821 वालमार्ट स्टोर्स के अलावा 680 सुपरसेंटर और 453 सैम्स क्लब भी हैं। सैम वाल्टन की सफलता के तीन प्रमुख कारण हैं। पहला, उन्होंने पाई-पाई को महत्त्वपूर्ण माना। दूसरा, उन्होंने अपने लक्ष्य स्पष्ट रखे। तीसरा, वे लगातार सीखते रहे।

भयानक मंदी के दिनों में परिवार की मदद करने के लिये वे मुँह अँधेरे उठकर गाय का दूध दुहते थे और ग्राहकों के घर दूध की बोतलें देने जाते थे। सात साल की उम्र में ही वे अख़बार बाँटने लगे। उन्होंने खरगोश और कबूतर पालकर बेचे। बचपन में ही उन्होंने यह सीख लिया था कि पैसे कमाने के लिये कितनी कड़ी मेहनत करना पड़ती है। इसलिये जब उन्होंने अपने स्टोर खोले, तो वे ग्राहकों को सबसे सस्ते दामों पर सबसे अच्छा सामान उपलब्ध कराना चाहते थे। उनका दावा था कि उनसे सस्ता सामान किसी दूसरे स्टोर पर मिल ही नहीं सकता। सस्ते सामान के इसी वादे और दावे की वजह से वालमार्ट स्टोर इतने लोकप्रिय हुए।

सैम ने अपने लक्ष्य स्पष्ट रखे। जब बाक़ी लोग बड़े शहरों में बड़े स्टोर खोल रहे थे, तब सैम ने छोटे शहरों में छोटे स्टोर खोले। उनके कई स्टोर तो कबाड़खाने जैसे दिखते थे। इस बारे में उनका सोच यह था कि लोगों को सबसे सस्ता सामान अगर कबाड़खाने जैसे स्टोर में मिलेगा, तो वे वहाँ भी ख़ुशी-ख़ुशी आयेंगे।

सैम वाल्टन अक्सर अपने प्रतियोगियों के स्टोर में जाते थे और उनकी अच्छी बातें सीख लेते थे। वे हमेशा अपने साथ एक डायरी रखते थे, जिसमें वे महत्त्वपूर्ण विचार लिख लेते थे। वे यह बात अच्छी तरह जानते थे कि महान बनने के लिये लगातार सीखना आवश्यक होता है।

*‘जब आप कोई छोटा सपना
या छोटी सफलता हासिल कर लेते हैं,
तो इससे आपको अगले
पायदान पर ऊपर जाने का
आत्मविश्वास मिलता है।’*

- जॉन जॉनसन

14

जॉन जॉनसन (1918-2005)

विश्व की सबसे बड़ी अश्वेत स्वामित्व की प्रकाशन कंपनी के स्वामी जॉन जॉनसन के पिता एक मिल मज़दूर थे। जॉनसन अफ़्रीकी-अमेरिकी समुदाय के लिये एक पत्रिका निकालना चाहते थे। जब उनके मित्रों तथा उद्योगपतियों ने उनकी मदद नहीं की, तो अंत में कपड़ों की सिलाई करने वाली उनकी माँ ने फ़र्नीचर गिरवी रखकर 500 डॉलर का क़र्ज़ लिया। 1942 में जॉनसन प्रकाशन के व्यवसाय में आ गये।

जॉनसन ने ग्राहक बनाने के लिये 20,000 लोगों को चिट्ठियाँ लिखीं, जिनसे 3,000 ग्राहक बने। उनके द्वारा प्रकाशित *नीग्रो डाइजेस्ट* में अफ़्रीकी-अमेरिकियों की रुचि के न्यूज रिप्रिंट और फ़ीचर लेख छपे थे। जब पत्रिका छपकर आ गई, तो उन्होंने अपने मित्रों को पैसे दिये, ताकि वे जायें और जिस दुकान पर *नीग्रो डाइजेस्ट* न दिखे, वहाँ इसकी माँग करें। जॉनसन ने ऐसा इसलिये किया, ताकि वे वितरकों को पत्रिका बेचने के लिये राज़ी कर सकें। सिर्फ़ एक साल बाद इस पत्रिका की 50,000 प्रतियाँ हर महीने बिकने लगीं।

1945 में जॉनसन ने *एबोनी* नाम की पत्रिका शुरू करने का फ़ैसला किया, जो *लाइफ़* की तरह चिकने काग़ज़ पर हो। *एबोनी* का पहला अंक 25,000 प्रतियों का था, जो हाथोंहाथ बिक गया। बड़ी कंपनियों के विज्ञापन के सहारे यह पत्रिका चल निकली। इस पत्रिका में अफ़्रीकी-अमेरिकी सफलता की कहानियाँ छपती हैं। 1990 में इसका प्रकाशन 15 लाख प्रतियों तक पहुँच गया। जॉनसन ने *जेट* और *एबोनी मैन* नामक दो और पत्रिकायें निकालीं। पत्रिकाओं तथा पुस्तकों के प्रकाशन के अलावा उनके साम्राज्य में एक राष्ट्रीय टेलीविज़न कार्यक्रम और दो रेडियो स्टेशन भी हैं।

जॉन जॉनसन का जीवन इस बात का गवाह है कि छोटी शुरुआत से भी इंसान बड़ी सफलता हासिल कर सकता है, बशर्ते उसमें बुद्धि हो, मेहनत करने की इच्छा हो, और कभी हार न मानने का संकल्प हो।

‘बहुत कम लोग भविष्य की परवाह करते हैं। वे तो इसी चिंता में लगे रहते हैं कि आज क्या होगा और वे अभी कितना झपट सकते हैं।’

- बेरी गोर्डी

15

बेरी गोर्डी (जन्म : 1929)

मोटाउन रिकॉर्ड्र्स जैसी विश्वविख्यात कंपनी के संस्थापक बेरी गोर्डी का जन्म डेट्रॉइट की झुग्गी बस्ती में हुआ था। बहरहाल उनके मन में संगीत के क्षेत्र में सफलता पाने का सपना था। संगीत उनका नशा था और वे किशोरावस्था से ही गीत लिख रहे थे। उन्होंने जैज रिकॉर्ड्र्स की दुकान खोली, जो जल्दी ही बंद हो गई। कई छुटपुट नौकरियाँ करने के बाद गोर्डी फ़ोर्ड मोटर कंपनी में नौकरी करने लगे। बहरहाल, ख़ाली समय में वे अपने गीत लिखते रहे। बहुत सी रिकॉर्डिंग कंपनियों ने उनके गीत रिजेक्ट कर दिये, परंतु आख़िरकार उनकी मेहनत रंग लाई और 1955 के आसपास उनके कई गीत बिकने लगे और कुछ तो हिट भी हुए।

गोर्डी को पहली सफलता 28 वर्ष की उम्र में मिली, जब जैकी विल्सन ने उनके गीत *'रीट पेटाइट'* को हिट बना दिया। 1959 में उनके गीत *'लोनली टियरड्रॉप्स'* की दस लाख प्रतियाँ बिकीं, परंतु गोर्डी को कोई ख़ास आर्थिक लाभ नहीं हुआ, क्योंकि कॉपीराइट उनके पास नहीं था। चूँकि वे सफल होने के साथ-साथ अमीर भी बनना चाहते थे, इसलिये उन्होंने अपनी कंपनी बनाकर रिकॉर्ड निकालने का निर्णय लिया। अपने सपने को पूरा करने के लिये गोर्डी ने अपनी बहन अन्ना से 700 डॉलर उधार लेकर एक कामचलाऊ रिकॉर्डिंग स्टूडियो बनाया।

1960 में गोर्डी के चौदह रिकॉर्ड टॉप टेन की सूची में पहुँचे। वे अपनी सफलता का रहस्य बताते हुए कहते हैं, 'हमारे पास पूँजी की कमी थी। हमारे सभी रिकॉर्ड हिट होने ही थे, क्योंकि हम फ़्लॉप का ख़र्च नहीं उठा सकते थे।'

1988 में यह कंपनी 6.1 करोड़ डॉलर में बिकी और गोर्डी तथा मोटाउन रिकॉर्ड्र्स के जीवन के एक महत्त्वपूर्ण अध्याय का अंत हुआ। बहरहाल, कभी झोंपड़पट्टी में रहने वाले बेरी गोर्डी के लिये यह बुरा सौदा नहीं था।

'जहाँ इच्छा प्रबल होती है,
वहाँ कठिनाइयाँ प्रबल
नहीं हो सकतीं।'

- निकोलो मैकियावली

16

रूपर्ट मरडॉक (जन्म : 1931)

मीडिया किंग रूपर्ट मरडॉक के न्यूज़ कॉरपोरेशन में 52 देशों की 780 कंपनियाँ हैं और उनकी व्यक्तिगत संपत्ति लगभग दस बिलियन डॉलर है। इतने बड़े साम्राज्य को सँभालने के लिये रूपर्ट मरडॉक बिना थके घंटों काम करते हैं और सिर्फ़ तीन घंटे सोते हैं।

रूपर्ट मरडॉक के पिता ने विरासत में उनके लिये ऑस्ट्रेलिया के दो अख़बार छोड़े थे। 21 साल की उम्र में जब रूपर्ट ने कारोबार सँभाला, तो उनका सपना यह था कि वे अंतर्राष्ट्रीय स्तर पर सफल हों। इसके लिये उन्होंने घाटे में चल रहे प्रतिष्ठित अमेरिकी व ब्रिटिश अख़बारों को ख़रीदने की योजना बनाई। पहले उन्होंने ब्रिटिश रविवारीय अख़बार *न्यूज ऑफ़ द वर्ल्ड* और फिर पृष्ठ तीन पर नग्न तसवीरें छापने के लिये मशहूर अख़बार *द सन* को ख़रीदा। 1976 में उन्होंने अमेरिका का *न्यू यॉर्क पोस्ट* ख़रीदा और 1981 में ब्रिटेन का *द टाइम्स।* बहरहाल, वे इतने से ही संतुष्ट नहीं थे। वे जानते थे कि भविष्य टी.वी. और उपग्रहों का है। इसलिये उन्होंने 1985 में फ़ॉक्स स्टूडियो और 1993 में स्टार टी.वी. को ख़रीद लिया। इतने बड़े पैमाने पर ख़रीदारी करने की वजह से वे बुरी तरह क़र्ज़ में डूब गये और दिवालियेपन की स्थिति में पहुँच गये, परंतु उन्होंने कड़ी मेहनत और बुद्धि से अपनी स्थिति सुधारी।

अपने प्रतियोगियों को परास्त करने के लिये मरडॉक कई तरह के पैंतरे आजमाते हैं। 1994 में उन्होंने *द टाइम्स* अख़बार की कीमत 45 पेंस से घटाकर 30 पेंस कर दी, ताकि प्रतियोगी अख़बार *द इंडिपेंडेंट* को धूल चटायी जा सके। इससे *द टाइम्स* के ग्राहकों की संख्या 40 प्रतिशत बढ़ गई। प्रबल इच्छा और भविष्य को भाँपने की बुद्धि की वजह से रूपर्ट मरडॉक अंतर्राष्ट्रीय मीडिया किंग बनने में सफल हुए।

'बड़ी बातें सोचो, तेज़ सोचो,
दूसरों से पहले सोचो!
विचारों पर किसी का
एकाधिकार नहीं है।'

- धीरूभाई अंबानी

17

धीरूभाई अंबानी (1932-2002)

रिलायन्स कंपनी के संस्थापक धीरूभाई अंबानी की सफलता का अंदाज़ा इसी बात से लगाया जा सकता है कि उन्होंने 1959 में अपना बिज़नेस मात्र 15,000 रुपये की पूँजी से शुरू किया था और 2002 में उनकी मृत्यु के समय रिलायन्स ग्रुप की सकल संपत्ति 60,000 करोड़ थी।

धीरूभाई गुजरात के एक गाँव में एक ग़रीब स्कूल शिक्षक के घर में पैदा हुए। पैसे की तंगी के चलते दसवीं तक ही पढ़ पाये। 17 साल की उम्र में नौकरी करने अदन गये। नौ साल बाद भारत लौटकर उन्होंने अपनी पहली कंपनी रिलायन्स कॉमर्शियल स्थापित की। और फिर उन्होंने पीछे मुड़कर नहीं देखा। अपनी मेहनत, लगन और बुद्धि से उन्होंने रिलायन्स को देश की सबसे बड़ी कंपनी बना दिया।

एक बार उनकी मिल में एक आयातित स्पेयर पार्ट ख़राब हो जाने के कारण काम रुक गया। आम तौर पर इस स्पेयर पार्ट को बुलवाने में एक महीना लग जाता, परंतु धीरूभाई ने ख़ास तौर पर एक आदमी को हवाई जहाज से विदेश भेजा और दो दिन में स्पेयर पार्ट बुलवाकर मिल चालू करवा दी।

धीरूभाई ने अपने दम पर भारतीय शेयर बाजार का नक़्शा बदल दिया। 1977 में रिलायन्स ने अपने शेयर जारी किये। उनके पहले किसी बिज़नेसमैन ने आम लोगों से इतने बड़े पैमाने पर पैसे जुटाने का जोखिम नहीं लिया था। 1982 में उन्होंने सटोरियों को ऐसा सबक़ सिखाया कि बाद में वे रिलायन्स के शेयर के साथ छेड़खानी करना भूल गये।

जब वे शेल कंपनी के पेट्रोल पंप पर पेट्रोल भरने का काम करते थे, तब उन्होंने यह सपना देखा था कि वे भी शेल जैसी कंपनी बनायेंगे। और उन्होंने अपने सपने को सच कर दिखाया। धीरूभाई की जीवनी इस बात की गवाह है कि बड़ी सफलता उन्हीं को मिलती है, जो बड़े सपने देखते हैं।

'सोचना दुनिया का सबसे
मुश्किल काम है, शायद इसीलिये
बहुत कम लोग यह काम करते हैं।'

- हेनरी फ़ोर्ड

18

जैक वेल्च (जन्म : 1935)

जैक वेल्च दुनिया के महानतम बिज़नेस लीडर्स में से एक माना जाता है। उन्होंने बहुराष्ट्रीय जनरल इलेक्ट्रिक कंपनी (जी.ई.) में आमूलचूल परिवर्तन करके दुनिया को सिखाया कि इक्कीसवीं सदी की कंपनी कैसे बनाई जाती है।

जैक वेल्च का जन्म एक ग़रीब परिवार में हुआ। उनसे पहले उनके परिवार में से कोई कॉलेज नहीं गया था। उन्होंने केमिकल इंजीनियरिंग में डॉक्टरेट हासिल की और जी.ई. कंपनी में नौकरी करने लगे। अपनी कर्मठता और प्रतिभा की बदौलत 33 साल की उम्र में वेल्च कंपनी के सबसे युवा मैनेजर बने और 45 साल की उम्र में वे सबसे युवा चेयरमैन तथा सी.ई.ओ. बन गये।

सी.ई.ओ. बनते ही वेल्च ने जी.ई. का हुलिया बदल दिया। उन्होंने कर्मचारी कम करके कंपनी को ज़्यादा सफल बनाने का सिद्धांत अपनाया और दो लाख कर्मचारियों की छंटनी करके कंपनी के 6 बिलियन डॉलर बचाये। उनकी सफलता से प्रेरित होकर दूसरी कंपनियों ने भी इसी सिद्धांत को अपनाया। 1995 में वेल्च ने सिक्स सिग्मा या पूर्ण गुणवत्ता प्रबंधन का सिद्धांत लागू किया, जिससे कंपनी के कई बिलियन डॉलर बचे। जी.ई. में कर्मचारियों की भागीदारी बढ़ाने के लिये 27,000 कर्मचारियों को स्टॉक ऑप्शन भी दिये गये।

जैक वेल्च ने यह सोचा कि अगर वे फ़ाइनैंसिंग को आसान बना दें, तो पूरी कंपनी को लाभ हो सकता है, इसलिये उन्होंने जी.ई. कैपिटल को इस दिशा में आगे बढ़ाया। इस फ़ाइनैंस सुविधा की बदौलत पूरे जी.ई. साम्राज्य का कारोबार बढ़ने लगा और कुछ ही समय में जी.ई. कैपिटल पूरी कंपनी में सबसे ज़्यादा लाभ कमाने वाली शाखा बन गई। सच कहा जाये तो उन्नीसवीं सदी में स्थापित जी.ई. इक्कीसवीं सदी की आधुनिक कंपनी बनने में इसलिये सफल हुई, क्योंकि उसके पास जैक वेल्च जैसा बिज़नेस लीडर था।

'प्रतियोगिता हमें अधिक
सक्षम बनाती है,
नये जवाब तलाश करने के
लिये प्रेरित करती है और
इस दंभ से बचाती है कि हम
सब कुछ जानते हैं।'

\- टॉम मोनाहन

19

टॉम मोनाहन (जन्म : 1937)

अमेरिका की दूसरी सबसे बड़ी पिज़्ज़ा चेन डोमिनोज़ के संस्थापक और डेट्राइट टाइगर के मालिक टॉम मोनाहन अशिक्षित और ग़रीब थे। जब वे चार साल के थे, तभी उनके पिता की मृत्यु हो गई और उन्हें अनाथालय में रहना पड़ा। जब ग़रीब मोनाहन ने क़र्ज़ लेकर डोमिनोज़ खोला, तो पहलेपहल उन्हें घाटा हुआ। आप यह सुनकर हैरान होंगे कि उस वक़्त मोनाहन पर सौ से अधिक मुकदमे चल रहे थे और उन पर 1,500 क़र्ज़दाताओं का 15 लाख डॉलर क़र्ज़ चढ़ा हुआ था। जब वे क़र्ज़ नहीं चुका पाये, तो बैंक ने उनसे कंपनी छीन ली।

डोमिनोज़ के छिन जाने के बाद टॉम फुटपाथ पर आ चुके थे। उधर बैंक वालों को भी डोमिनोज़ चलाने के लिये कोई ढंग का आदमी नहीं मिल रहा था। आख़िरकार बैंक ने टॉम को ही 200 डॉलर प्रति सप्ताह की तनख़्वाह पर नौकरी दे दी। क़िस्मत का खेल देखिये, जो आदमी कभी पिज़्ज़ा चेन का मालिक था, अब वही वहाँ पर नौकरी कर रहा था। मोनाहन का लक्ष्य था डोमिनोज़ को डूबने से बचाना। उन्होंने डटकर मेहनत की, परंतु मार्च 1971 में बैंक इस नतीजे पर पहुँचा कि डोमिनोज़ दिवालियेपन की कगार पर है, इसलिये बैंक ने एक स्टोर के बदले में टॉम को डोमिनोज़ के शेयर दे दिये।

डोमिनोज़ मिलने के बाद भी उन पर लाखों डॉलर का क़र्ज़ था। कोई दूसरा होता, तो दिवालियेपन की घोषणा करके इस क़र्ज़ से तत्काल मुक्ति पा जाता, परंतु मोनाहन ने हर दिन पंद्रह घंटे मेहनत करके नौ साल में पूरा क़र्ज़ उतारा। पिज़्ज़ा की होम डिलिवरी के उनके विचार ने अमेरिका के उन बहुसंख्यक परिवारों की बहुत बड़ी आवश्यकता को पूरा किया, जहाँ पति-पत्नी दोनों नौकरी करते थे। टॉम मोनाहन की सफलता का राज यह था कि उन्होंने उस अवसर का दोहन किया, जिसे दूसरे नहीं देख पाये थे।

‘मेरी नाव में कई झंडे हैं,
परंतु एक भी सफ़ेद झंडा नहीं है।
मैं कभी समर्पण नहीं करता।’

- टेड टर्नर

20

टेड टर्नर (जन्म : 1938)

केबल के गॉडफ़ादर, सी.एन.एन. के संस्थापक और 3 बिलियन डॉलर से अधिक संपत्ति के स्वामी टेड टर्नर पहले एक सेल्समैन थे। बचपन में अपने पिता से अक्सर पिटने वाले टर्नर की शिक्षा बोर्डिंग स्कूल में हुई। यहाँ पर उन्होंने स्वतंत्र निर्णय लेने और जोखिम लेने की वह आदत सीखी, जिसकी वजह से वे बाद में सफल हुए।

सी.एन.एन. शुरू करने से पहले उन्हें न्यूज़ चैनलों के बारे में ज़रा भी ज्ञान नहीं था। वे कहते हैं, 'उस समय तक मैंने अपने पूरे जीवन में सौ घंटे से अधिक समाचार नहीं देखे थे।' उनके पास इसका बिज़नेस प्लान भी नहीं था। फिर भी उन्होंने इस चैनल को शुरू करने के लिये अपना सब कुछ दाँव पर लगा दिया। अपनी सारी चल-अचल संपत्ति गिरवी रखकर उन्होंने सी.एन.एन. शुरू किया। यह बहुत बड़ा जोखिम था, क्योंकि अगर वे असफल हो जाते, तो सीधे फुटपाथ पर आ जाते।

न सिर्फ़ सभी संचार माध्यम सी.एन.एन. के असफल होने की भविष्यवाणी कर रहे थे, बल्कि उनका अकाउंटेंट भी कंपनी छोड़कर चला गया, क्योंकि उसे लग रहा था कि इस मूर्खतापूर्ण काम में टर्नर का सब कुछ चला जायेगा। शुरुआती अठारह महीनों में तो ऐसा लगा, जैसे विशेषज्ञों की भविष्यवाणी सच हो जायेगी, क्योंकि सी.एन.एन. को हर महीने 20 लाख डॉलर का नुक़सान हो रहा था। लेकिन टर्नर ने हिम्मत नहीं हारी... और मुश्किल समय गुज़र गया। खाड़ी युद्ध के बाद तो सी.एन.एन. सबसे विश्वसनीय न्यूज़ चैनल बन गया, क्योंकि सद्दाम हुसैन ने पश्चिम से बात करने के लिये इसी को चुना था।

टेड टर्नर को सफलता इसलिये मिली, क्योंकि उन्होंने विश्व को इलेक्ट्रॉनिक ग्लोबल विलेज बनाने की ज़रूरत को भाँप लिया था। दूसरों के पास न तो इतनी दूरदृष्टि थी, न ही इतना बड़ा जोखिम लेने की हिम्मत थी।

‘प्रबल इच्छा का अर्थ है
एक लक्ष्य बनाना,
फिर कार्य की योजना बनाना,
जो आपको उस लक्ष्य तक पहुँचाये।
और फिर उस काम में
तब तक जुटे रहना,
जब तक कि लक्ष्य
हासिल न हो जाये।
सबसे महत्त्वपूर्ण तत्व है
काम में जुटे रहना।’

\- माइकल हैंसन

21

थॉमस जे. बरेल (जन्म : 1939)

1971 में अमेरिका की पहली अश्वेत विज्ञापन एजेंसी स्थापित करने वाले थॉमस जे. बरेल बचपन में पढ़ाई में कमज़ोर थे। हाई स्कूल के बुद्धि परीक्षण में उनका प्रदर्शन बहुत ख़राब था। उन्हें सिर्फ़ दो क्षेत्रों में योग्य पाया गया - कलात्मक योग्यता और लोगों को प्रभावित करने की क्षमता। उनकी टीचर ने सुझाव दिया कि वे विज्ञापन लेखन को अपना करियर बनायें। तभी से बरेल ने विज्ञापन लेखन को अपना लक्ष्य बना लिया।

1960 में बरेल को पचास डॉलर प्रति सप्ताह में वेड एडवर्टाइज़िंग एजेंसी के मेलरूम में नौकरी मिल गई, परंतु बरेल का लक्ष्य तो विज्ञापन लिखना था। इसलिये एक दिन वे हिम्मत करके डायरेक्टर के कमरे में गये और बोले कि अगर उन्हें विज्ञापन लिखने का अवसर दिया जाये, तो कंपनी को अधिक लाभ होगा। उन्होंने डायरेक्टर को अपने लिखे विज्ञापनों के सैंपल भी दिखाये। डायरेक्टर उनके विज्ञापनों से प्रभावित हुए और इसके बाद बरेल टेलीविज़न तथा अख़बारों के लिये विज्ञापन तैयार करने लगे।

1971 में उन्होंने अपनी एडवर्टाइज़िंग एजेंसी खोली। शुरू में धंधा मंदा रहा और छह महीने बाद वे दिवालियेपन की स्थिति में पहुँच गये, परंतु उन्होंने हार नहीं मानी। 1972 में उन्हें एक बड़ा ग्राहक मिल गया - मैकडॉनल्ड्स। यह अपने आप नहीं हुआ था। इसके लिये बरेल को मैकडॉनल्ड्स के मैनेजमेंट के सामने यह विचार रखना पड़ा था कि वे अफ़्रीकी-अमेरिकी बाज़ार की तरफ़ ध्यान दें, जिसे विज्ञापनों में अक्सर नज़रअंदाज़ कर दिया जाता है। तब से बरेल मैकडॉनल्ड्स के लिये सैकड़ों विज्ञापन तैयार कर चुके हैं। इसके अलावा उन्होंने कोकाकोला, फ़ोर्ड मोटर, जॉनसन ऐंड जॉनसन, प्रॉक्टर ऐंड गैंबल जैसी बड़ी कंपनियों के लिये भी विज्ञापन बनाये हैं। बरेल को उनके उत्कृष्ट विज्ञापनों के लिये क्लियो अवार्ड भी मिला, जो विज्ञापन की दुनिया का सर्वोच्च पुरस्कार है।

*‘कोई भी महिला बदसूरत नहीं होती,
सिर्फ़ आलसी होती है।’*

- हेलेना रुबिन्स्टीन

22

अनीता रोडिक (1942-2007)

जब अनीता रोडिक ने 1976 में ब्राइटन, इंग्लैंड में बॉडी शॉप नामक अपना पहला स्टोर खोला, तो वे सपने में भी नहीं सोच सकती थीं कि भविष्य में उनके 50 से अधिक देशों में 1600 से अधिक स्टोर चलेंगे और 10 करोड़ से अधिक ग्राहक होंगे।

वे इस बिज़नेस में इसलिये आईं, क्योंकि उन्होंने देखा कि विज्ञापनों तथा आकर्षक पैकिंग की वजह से सौंदर्य प्रसाधन बहुत महँगे बिकते हैं और ज़्यादातर में हानिकारक रसायन होते हैं। रोडिक ने प्राकृतिक वस्तुओं से कॉस्मेटिक्स बनाने और उन्हें सस्ते दामों पर बेचने की योजना बनाई। जैसा वे कहती थीं, 'उद्यमिता की महानतम सफलताओं में से एक यह खोजना है कि किस चीज़ की ज़रूरत है।'

युवावस्था में उन्होंने कई देशों की यात्रा की। वहाँ उन्होंने स्थानीय लोगों से घरेलू सौंदर्य प्रसाधन बनाने की विधि सीखी। सीखने की यह आदत उनके लिये बहुत लाभकारी सिद्ध हुई, क्योंकि बाद में उन्होंने इन विधियों का प्रयोग करके अपने कई सौंदर्य प्रसाधन बनाये।

जब वे स्टोर खोलने के लिये क़र्ज़ लेने गईं, तो बैंक मैनेजर ने क़र्ज़ देने से साफ़ इंकार कर दिया। उसे विश्वास नहीं था कि कोई महिला सफलतापूर्वक बिज़नेस चला सकती है। बहरहाल, जब एक सप्ताह बाद वे अपने पति के साथ जाकर मैनेजर से मिलीं, तो उन्हें लोन मिल गया।

रोडिक के पास अपने कॉस्मेटिक्स में ख़ुशबू मिलाने का समय नहीं था, इसलिये उन्होंने एक ट्रे में परफ़्यूम एसेंस की बोतलें रख दीं और ग्राहकों से कहा कि वे अपने कॉस्मेटिक में अपना पसंदीदा परफ़्यूम मिला लें। ग्राहकों को यह बात इतनी पसंद आई कि बाद में यह बॉडी शॉप की परंपरा बन गई। 1984 में बॉडी शॉप स्टॉक मार्केट में दर्ज हो गई। पहले ही दिन इसके शेयर की क़ीमतें बढ़ने लगीं और शाम तक इस कंपनी का मूल्य 3.8 करोड़ पौंड हो गया। रोडिक दंपति उसी दिन करोड़पति बन गये।

‘सफलता के फ़ॉर्मूले का सबसे
महत्त्वपूर्ण तत्व यह जानना है
कि लोगों को साथ लेकर
कैसे चला जाये।’

- थियोडोर रूज़वेल्ट

23

फ़्रेड स्मिथ (जन्म : 1944)

फ़ेडरल एक्सप्रेस के संस्थापक फ़्रेड स्मिथ ने ओवरनाइट पैकेट डिलिवरी शुरू की, जिसने दुनिया भर की कंपनियों और ऑफ़िसों का काम आसान कर दिया।

स्मिथ की सफलता की कहानी बहुत प्रेरणादायक है। जन्म से ही उनकी हड्डियों में विकृति थी, इसलिये उन्हें बैसाखियों के सहारे चलना पड़ा। जब वे चार साल के थे, तभी उनके पिता की मृत्यु हो गई। *फ़ेडरल एक्सप्रेस* शुरू करते समय फ़्रेड ने अपनी सारी पूँजी दाँव पर लगा दी। यह बहुत बड़ा जोखिम था। पाँच साल तक उनकी कंपनी दिवालियेपन के क़रीब रही। एक बार तो उनके पास कर्मचारियों की तनख़्वाह बाँटने के पैसे तक नहीं थे। हताशा में फ़्रेड लास वेगास गये और अपने सारे पैसे दाँव पर लगाकर जुए में 36,000 डॉलर जीत लाये, ताकि कर्मचारियों की तनख़्वाह बाँट सकें।

1970 के दशक के उन काले दिनों में फ़्रेड ने अपने कर्मचारियों से आग्रह किया कि हालाँकि कंपनी अभी आपको तनख़्वाह देने की स्थिति में नहीं है, परंतु आप कंपनी छोड़कर न जायें। कुछ कर्मचारी तो अपने मालिक के प्रति इतने निष्ठावान थे कि उन्होंने कंपनी की मदद करने के लिये अपनी घड़ियाँ और गहने तक बेच दिये। एक जीवनी लेखक ने कहा है, *'फ़ेडरल एक्सप्रेस* एक चमत्कार है। यह बीसवीं सदी की महान उद्यमी गाथा है।'

उन्होंने उस अवसर को देख लिया, जो कोई दूसरा नहीं देख पाया था। उन्होंने यह भाँप लिया था कि बिज़नेस की दुनिया में तेज़ रफ़्तार से पत्र और पार्सल पहुँचाने के क्षेत्र में बहुत संभावना है, क्योंकि इसकी लोगों को बहुत ज़रूरत है। अमेरिकी डाक विभाग इस अवसर को इसलिये नहीं देख पाया, क्योंकि उसके पास इतनी दूरदृष्टि नहीं थी। आज *फ़ेडरल एक्सप्रेस* का बिज़नेस 10 बिलियन डॉलर से अधिक है, और यह इसलिये संभव हुआ, क्योंकि फ़्रेड स्मिथ में जोखिम लेने का साहस था।

‘कड़ी मेहनत का कोई विकल्प नहीं है।’

- थॉमस एडिसन

24

करसन भाई पटेल (जन्म : 1944)

करसन भाई पटेल ने अकेले ही हिंदुस्तान लीवर लिमिटेड जैसी बहुराष्ट्रीय कंपनी को परास्त कर दिया और देश भर में साबुन की टिकिया के बजाय डिटर्जेन्ट का फ़ैशन चला दिया।

करसन भाई ने छह साल तक सरकारी दफ़्तर में प्रयोगशाला तकनीशियन का काम किया। रात को वे अपने घर के पिछवाड़े में डिटर्जेन्ट पाउडर बनाने के प्रयोग करते थे। 1969 में उन्होंने निरमा का उत्पादन शुरू किया। शुरुआती पूँजी 1000 रुपये थी, जो उन्होंने मित्रों और रिश्तेदारों से उधार ली थी। अगले तीन साल तक करसनभाई ऑफ़िस से आने के बाद देर रात तक डिटर्जेन्ट बनाते थे। रविवार को वे अपने डिटर्जेन्ट के पैकेट साइकल पर रखकर गली-गली घूमते थे। महँगी टिकिया के बजाय सस्ता वाशिंग पाउडर ख़रीदने की इच्छुक गृहिणियाँ उनके डिटर्जेन्ट को पसंद करने लगीं। 3 रुपये किलो का निरमा हाथोंहाथ बिकने लगा। करसन भाई निरमा को 'पसंद न आये, तो पैसे वापस' के आधार पर बेचते थे।

शुरुआती सफलता मिलने के बाद उन्होंने सरकारी नौकरी छोड़ दी और 1972 में अहमदाबाद के पास एक छोटे से औद्योगिक शेड में निरमा का उत्पादन शुरू किया। फिर 1977 में रेडियो पर इसके विज्ञापन आने लगे। सिनेमाघरों में भी विज्ञापन की स्लाइडें दिखाई जाने लगीं। इसके बाद टी.वी. पर विज्ञापन का दौर शुरू हुआ। पाँच साल के भीतर निरमा देश भर में लोकप्रिय हो गया।

करसन भाई कहते हैं कि उन्होंने बिज़नेस या मैनेजमेंट के बारे में कभी कोई पुस्तक नहीं पढ़ी। निरमा की सफलता उन्हीं की बुद्धि और लगन की देन है। करसन भाई पटेल की अभूतपूर्व सफलता की प्रशंसा करते हुए हिंदुस्तान लीवर के एक शीर्ष एक्ज़ीक्यूटिव ने एक बार कहा था, 'उन्होंने पूरे देश की कपड़े धोने की आदतों को साबुन से डिटर्जेन्ट में बदल दिया।'

‘सफल लोगों को असफल
लोगों से अलग करने वाली
इकलौती चीज़ यह है कि वे बहुत कड़ी
मेहनत करने के इच्छुक होते हैं।’

- हेलन गर्ली ब्राउन

25

अज़ीम प्रेमजी (जन्म : 1945)

विप्रो के चेयरमैन अज़ीम हाशिम प्रेमजी भारत के सबसे अमीर व्यक्तियों में से एक हैं और उनके पास दस बिलियन डॉलर से अधिक संपत्ति है।

21 साल की उम्र में पिता के देहांत के बाद अज़ीम प्रेमजी ने कॉलेज की पढ़ाई अधूरी छोड़ दी। उन्हें 7 करोड़ रुपये की कंपनी विरासत में मिली, जिसमें वनस्पति घी, तेल और कपड़े धोने का साबुन बनता था। 1966 में जब अज़ीम प्रेमजी ने इस कंपनी को सँभाला, तो वे बिलकुल अनुभवहीन थे। वे ख़ुद कहते हैं, 'मैं इसके लिये बिलकुल तैयार नहीं था। मेरे पास सिर्फ़ एक सपना था। एक बड़ी कंपनी बनाने का सपना।'

प्रेमजी ने लक्ष्य बनाकर काम किया। 1998 में विप्रो ने देश की शीर्षस्थ दस कंपनियों में शामिल होने का पंचवर्षीय लक्ष्य बनाया। अज़ीम प्रेमजी की योग्यता का कमाल देखिये कि विप्रो ने इस लक्ष्य को एक वर्ष में ही पा लिया।

प्रेमजी ज्ञान को बहुत महत्त्व देते हैं। वे कहते हैं, 'सूचना के युग में मस्तिष्क की शक्ति ही सबसे महत्त्वपूर्ण संपत्ति है।' वे हर सप्ताह दस घंटे पढ़ते हैं। उन्हें ख़ास तौर पर मैनेजमेंट की पुस्तकें पढ़ने में रुचि है। उनका मानना है कि आज दुनिया में ज्ञान इतनी तेज़ गति से बढ़ रहा है कि अगर आप लगातार ज्ञान अर्जित नहीं करते, तो आप पीछे रह जायेंगे और दुनिया आगे निकल जायेगी।

अज़ीम प्रेमजी अपने काम से प्रेम करते हैं और हर दिन लगभग तेरह घंटे काम करते हैं। उनका मानना है कि सपने तभी सच होते हैं, जब इंसान मेहनत करे। उनका जीवन इस बात का प्रत्यक्ष प्रमाण है कि इंसान के पास अगर सपना हो, मेहनत करने तथा सीखने की इच्छा हो, तो वह दौलत और शोहरत दोनों कमा सकता है।

'अगर आप लक्ष्य को भेदना चाहते हैं, तो इसके थोड़ा ऊपर निशाना साधें। हर उड़ने वाला तीर गुरुत्वाकर्षण का शिकार होता है।'

- हेनरी वाड्सवर्थ लॉन्गफ़ैलो

26

नारायण मूर्ति (जन्म : 1946)

इन्फ़ोसिस जैसी विश्व स्तरीय कंपनी के संस्थापक एन. आर. नारायण मूर्ति ऐसे व्यक्तियों में से हैं जो सफलता के शिखर पर पहुँचे। परंतु एक वक़्त ऐसा था, जब वे आम लोगों जैसा जीवन जी रहे थे। उनका जन्म मध्यमवर्गीय परिवार में हुआ था और उनके पिता स्कूल में शिक्षक थे।

मैसूर में इंजीनियरिंग की शिक्षा लेने के बाद कुछ साल तक नारायण मूर्ति ने पाटनी कम्प्यूटर्स में काम किया। 1970 के दशक के अंत में नारायण मूर्ति के मन में नौकरी छोड़ने तथा अपना बिज़नेस शुरू करने का विचार आया। इसमें जोखिम था, क्योंकि नौकरी में तनख़्वाह की गारंटी थी, जबकि नये व्यवसाय में सफलता की कोई गारंटी नहीं थी। बहरहाल, उन्होंने जोखिम लिया और इन्फ़ोसिस टेक्नोलॉजी का जन्म हुआ।

नारायण मूर्ति अपनी सफलता का श्रेय कड़ी मेहनत को देते हैं। वे हर दिन 12 घंटे मेहनत करते हैं। उनके लिये ऑफ़िस सुबह साढ़े छह बजे शुरू हो जाता है। वे काम के प्रति इतने ज़्यादा समर्पित हैं कि वे न तो पार्टियों में जाते हैं, न ही टी.वी. देखते हैं। हालाँकि उनकी व्यक्तिगत संपत्ति 4,000 करोड़ से अधिक है, परंतु उनकी जीवनशैली सहज और स्वभाव सरल है। वे कर्मचारियों के साथ कैंटीन में ही भोजन करते हैं। वे घर में टॉयलेट सीट साफ़ करके अपने दिन की शुरुआत करते हैं।

जब इन्फ़ोसिस को अमेरिकी शेयर बाजार नैस्डेक में दर्ज किया जा रहा था, तो निवेश बैंकरों ने उन्हें हर शेयर का मूल्य 36 डॉलर रखने की सलाह दी। इस पर मूर्ति ने कहा कि वे इसका मूल्य 34 डॉलर रखना चाहते हैं, ताकि निवेशकों को हर शेयर पर दो डॉलर का लाभ हो सके। बैंकर हतप्रभ रह गये, क्योंकि उन्होंने आज तक ऐसा परोपकारी इंसान नहीं देखा था, जो जान-बूझकर लाखों शेयरों पर लाखों डॉलर का घाटा उठाने पर आमादा हो। बाद में उस बैंकर ने कहा, 'ऐसा अमेरिकी स्टॉक मार्केट के इतिहास में पहले कभी नहीं हुआ।

‘दुनिया में समस्यायें नहीं हैं;
सिर्फ़ चुनौतियाँ हैं।’

- अज्ञात

27

लक्ष्मी मित्तल (जन्म : 1950)

संडे टाइम्स रिच लिस्ट 2004 के अनुसार लक्ष्मी मित्तल इंग्लैंड में रहने वाले सबसे अमीर एशियाई व्यक्ति हैं। उनके पास 3.5 बिलियन पौंड यानी लगभग 6.41 बिलियन डॉलर की संपत्ति है। वे स्टील की दुनिया के बेताज बादशाह हैं। मित्तल की कंपनी को 'दुनिया की सर्वश्रेष्ठ स्टील कंपनी' कहा जाता है। 2004 में इस अप्रवासी भारतीय ने लंदन में 7 करोड़ पौंड में दुनिया का सबसे महँगा घर ख़रीदा है।

पश्चिमी राजस्थान के रेगिस्तानी इलाक़े में जन्मे लक्ष्मी मित्तल एक ऐसे गाँव में पैदा हुए, जहाँ बिजली नहीं थी, परंतु अपनी क़िस्मत और मेहनत की बदौलत आज वे दुनिया की मशहूर हस्ती बन चुके हैं। मित्तल के पिता छोटे पैमाने पर स्टील का उत्पादन करते थे, परंतु लक्ष्मी मित्तल के सपने बड़े थे। इसलिये वे 1976 में इंडोनेशिया चले गये और वहाँ उन्होंने अपना पहला अंतर्राष्ट्रीय स्टील कारोबार शुरू किया।

मित्तल के लक्ष्य स्पष्ट थे। वे नई स्टील मिल बनाने के बजाय बीमार स्टील मिलों को दुरुस्त करके तेज़ी से तरक्की करना चाहते थे। भविष्य की संभावनाओं को पहचानते हुए वे इस निष्कर्ष पर पहुँचे कि नई मिल बनाने में पैसे भी अधिक लगते हैं और समय भी। इसलिये उन्होंने अपनी सारी ऊर्जा इस बात पर केंद्रित रखी कि वे बीमार स्टील मिलों को ख़रीदें और उनकी कायापलट करके उन्हें लाभदायक स्थिति में पहुँचा दें। घाटे में चल रही स्टील मिलों को लाभकारी बनाने के लिये मित्तल एक सुनियोजित रणनीति पर काम करते हैं। वे तत्काल उत्पादन की लागत कम करते हैं, कर्मचारियों की संख्या घटाते हैं और आधुनिक मशीनों का प्रयोग करते हैं। मित्तल की सफलता की कहानी हमें यह सिखाती है कि यदि इंसान अपने लक्ष्य स्पष्ट रखे और उन्हें हासिल करने की स्पष्ट योजना बना ले, तो उसे सफलता अवश्य मिलती है।

'अगर आपमें उत्साह है,
तो आप कुछ भी कर सकते हैं।
उत्साह समस्त प्रगति का स्रोत है।
यह है तो सफलता है; यह नहीं है
तो सिर्फ़ बहाने हैं।'

- हेनरी फ़ोर्ड

28

दादी बलसारा

तीस साल पहले दादी बलसारा नागपुर में एल.आई.सी. अफ़सर थे। उन्हें 600 रुपये महीने तनख़्वाह मिलती थी। आगे जाकर वे 63 देशों में 7 बिलियन डॉलर का बिज़नेस साम्राज्य चलाने वाले बने। उनकी व्यक्तिगत संपत्ति दो बिलियन डॉलर के क़रीब रही और वे सबसे अमीर भारतीयों में से एक रहे।

डॉ. बलसारा सिंगापुर में भी रहे। वहाँ उन्हें 'एशिया का परफ़्यूम किंग' कहा जाता था, क्योंकि सिंगापुर में वे परफ़्यूम बेचते थे। वे अमेरिका में आभूषण, स्विट्ज़रलैंड में घड़ी और ताइवान में जीन्स भी बेचते थे।

उनकी सफलता की कहानी रोचक है। एल.आई.सी. अफ़सर के रूप में बलसारा ख़ास सफल नहीं थे। उनमें महत्त्वाकांक्षा थी, इसलिये वे स्कॉलरशिप लेकर मनोचिकित्सा के अध्ययन के लिये अमेरिका चले गये। जब उन्होंने प्रैक्टिस शुरू की, तो उनके क्लीनिक पर बहुत कम रोगी आते थे। नौबत ताला लगाने तक आ गई। इस काम में असफल रहने के बाद बलसारा ने टी.वी. चैनलों पर ज्योतिष का कार्यक्रम प्रस्तुत करने की योजना बनाई। पहले दो टी.वी. चैनलों ने उनके प्रस्ताव को ठुकरा दिया, परंतु अमेरिका में चल रहे एक जापानी चैनल ने उन्हें अवसर दिया। उनके टी.वी. कार्यक्रम 'आप और आपका भाग्य' और 'मस्तिष्क की शक्ति' काफ़ी लोकप्रिय हुए। ज्योतिष और हस्तरेखा विशेषज्ञ के रूप में उन्होंने जॉन एफ. कैनेडी, निक्सन, चाऊ एन लाई और क्लिंटन जैसे नामी नेताओं से मुलाक़ात की।

डॉ. बलसारा को सफलता तब मिली, जब उन्होंने माउंट एवरेस्ट मिनरल वाटर बेचना शुरू किया। वे हिमाचल प्रदेश से प्राकृतिक मिनरल वाटर बोतल में पैक करवाते और उसे अमेरिका सहित कई देशों में बेचते थे। वे कहते थे, 'अगर किसी में बिज़नेस करने का जोश हो और नया काम शुरू करने के मौलिक विचार हों, तो दुनिया की कोई ताक़त उसे नहीं रोक सकती। हमारे मन का डर ही हमें रोकता है।'

'जीतना एक आदत है।
दुर्भाग्य से हारना भी एक आदत है।'

- विन्स लॉम्बार्डी

29

रिचर्ड ब्रान्सन (जन्म : 1950)

वर्ज़िन एयरवेज के संस्थापक रिचर्ड ब्रान्सन आज बिलियनेअर हैं, परंतु क्या आप जानते हैं कि अपने करियर की शुरुआत में वे जेल की हवा खा चुके हैं? युवावस्था में ब्रान्सन ने ब्रिटेन का पहला डिस्काउन्ट रिकॉर्ड स्टोर खोला। अपना ख़र्च निकालने के लिये उन्होंने टैक्स-मुक्त एक्सपोर्ट रिकॉर्ड घरेलू बाज़ार में बेच दिये। यह ग़ैर-कानूनी था और ब्रान्सन को टैक्स चोरी के आरोप में एक रात जेल में काटनी पड़ी।

जब उनकी माँ से उनकी सफलता का राज पूछा गया, तो वे बोलीं, 'हम उसे स्वतंत्रता का सबक़ सिखाने के बहुत इच्छुक थे। आठ साल की उम्र में मैं रिचर्ड को लंदन के पार ले गई, उसे एक मैदान में छोड़ दिया और उसे यह चुनौती देकर घर आ गई कि वह अपने घर का रास्ता ख़ुद खोजे।' कितनी माँयें अपने बच्चों को इस तरह सबक़ सिखाना चाहेंगी?

ब्रान्सन के रिकॉर्डिंग स्टूडियो का पहला रिकॉर्ड बहुत हिट हुआ, जिसकी 70 लाख प्रतियाँ बिकीं। फिर उन्होंने बॉय जॉर्ज नामक गायक का रिकॉर्ड बनाया। यह भी हिट हुआ। अब ब्रान्सन के पास पैसा आ चुका था। वे नई चुनौती के लिये तैयार थे। किसी ने उन्हें लंदन से न्यू यॉर्क तक की एक नई एयरलाइन खोलने का सुझाव दिया। ब्रान्सन के सलाहकार डर रहे थे कि उन्हें ब्रिटिश एयरवेज से मुक़ाबला करना पड़ेगा।

बहरहाल, ब्रान्सन ने देखा कि ब्रिटिश एयरवेज के अधिकांश यात्रियों को सँकरी सीटों, ख़राब भोजन और बोझिल उड़ान को सहना पड़ता है। इसलिये चुनौती को स्वीकार करते हुए उन्होंने ब्रिटिश एयरवेज से आधी क़ीमत पर अपर क्लास शुरू की, जिसमें स्लीपर सीट, गले की मुफ़्त मालिश और नाख़ून काटने की सुविधा थी। इसमें हर यात्री के लिये वीडियो स्क्रीन, बेहतरीन भोजन तथा शराब भी थी। जनता की ज़रूरतों पर ध्यान देने के कारण उनका एयरलाइन बिज़नेस सफल हो गया और ब्रान्सन बिलियनेअर बन गये।

'बहुत कम लोगों में क्षमता
का अभाव होता है,
लेकिन वे असफल इसलिये होते हैं,
क्योंकि वे अपनी क्षमता का
उपयोग नहीं करते।'

\- कैल्विन कूलिज

30

स्टीफ़न वोज़्नियाक (जन्म : 1950) और स्टीव जॉब्स (1955-2011)

आज अरबों डॉलर का बिज़नेस करने वाली एपल कंपनी ने 1976 में विश्व में छोटे पर्सनल कम्प्यूटर का युग शुरू किया। इसके संस्थापक स्टीफ़न वोज़्नियाक और स्टीव जॉब्स ने कॉलेज की पढ़ाई अधूरी छोड़ दी थी, क्योंकि वे कोई उपयोगी आविष्कार करना चाहते थे।

कंपनी शुरू करने के लिये जॉब्स ने अपनी वोक्सवैगन मिनी बस बेच दी और वोज़्नियाक ने अपना एच. पी. कैलकुलेटर। फिर उन्होंने एक ऐसे कम्प्यूटर विक्रेता की तलाश की, जो उनके बनाये कम्प्यूटर बेचने के लिये तैयार हो जाये। माउन्टेन व्यू के एक छोटे कम्प्यूटर स्टोर ने उन्हें प्रयोग के बतौर 50 कम्प्यूटर्स का ऑर्डर दे दिया।

इस ऑर्डर को लेकर जॉब्स और वोज़्नियाक ने एक स्पेयर पार्ट्स की दुकान से 30 दिन की उधारी पर 25,000 डॉलर का सामान लिया। गैरेज में हाथ से कम्प्यूटर असेंबल करके उन्होंने महीने के अंत तक 100 कम्प्यूटर बना लिये, जिनमें से 50 उन्होंने स्टोर में भिजवा दिये।

पहले साल उनके सिर्फ़ 175 एपल वन कम्प्यूटर ही बिक पाये। फिर वोज़्नियाक ने इसमें सुधार करके एपल टू का मॉडल तैयार किया, जो बाज़ार में बेहद सफल हुआ। दोनों युवक अब अमीर बन चुके थे। तभी एक हवाई जहाज़ दुर्घटना में वोज़्नियाक की याददाश्त चली गई और वे एपल से रिटायर हो गये। तीन साल बाद स्टीव जॉब्स भी आंतरिक मतभेदों की वजह से एपल छोड़कर चले गये। दोनों संस्थापकों के चले जाने के बाद एपल की स्थिति बिगड़ने लगी। वर्ष 1997 में स्टीव जॉब्स की इसमें फिर वापसी हुई और इसकी स्थिति में काफ़ी सुधार हुआ था।

'आत्मविश्वास महान कामों की
पहली आवश्यकता है।'

- सैम्युअल जॉनसन

31

डेबी फ़ील्ड्स (जन्म : 1954)

दुनिया को चॉकलेट चिप कुकीज़ का स्वाद चखाने वाली डेबी फ़ील्ड्स के स्टोर कई देशों में चल रहे हैं और उनकी कंपनी हर साल तीस करोड़ डॉलर से अधिक कमा रही है। उनकी कंपनी के 1,553 स्टोर हैं, जिनमें से लगभग 1,000 फ्रैंचाइजी हैं।

मध्यमवर्गीय परिवार की सबसे छोटी पुत्री डेबी बचपन से ही कुछ बनना चाहती थीं। उन्होंने कई काम किये, पहले डिपार्टमेंटल स्टोर में, फिर मैरीन वर्ल्ड में वाटर स्कीयर का, फिर एक परिवार के बच्चे सँभालने का, फिर कई दुकानों में सेल्सगर्ल का। विवाह के बाद डेबी ने देखा कि उनकी बनाई चॉकलेट चिप कुकीज़ सबको बहुत पसंद आती हैं। उन्होंने सोचा कि क्यों न कुकीज़ का बिज़नेस शुरू किया जाये, परंतु किसी को भी इस विचार में दम नजर नहीं आया। मित्रों को तो रहने ही दें, उनके पति ने भी उन्हें प्रोत्साहित नहीं किया। उनका कहना था कि डेबी की बनाई कुकीज़ नरम थीं; स्टोर की कुकीज़ की तरह कड़क नहीं थीं। बहरहाल, जब डेबी अड़ गईं, तो पति ने मन मारकर एक परिचित बैंकर से लोन लिया।

डेबी ने 1977 में पालो आल्टो में अपना पहला स्टोर खोला। पहले दिन दोपहर तक एक भी ग्राहक नहीं आया। बिना घबराये डेबी ने एक ट्रे में कुकीज़ रखीं और शॉपिंग कॉम्प्लेक्स में आने वाले लोगों को मुफ़्त कुकीज़ बाँटने लगीं। उनकी रणनीति सफल हुई और एक घंटे में ग्राहक कुकीज़ ख़रीदने के लिये उनके स्टोर में आने लगे। उस दिन पचास डॉलर की कुकीज़ बिकीं और अगले दिन पचहत्तर डॉलर की। उनका बिज़नेस चल पड़ा। आज भी मिसेज़ फ़ील्ड्स के स्टोर में ग्राहकों को मुफ़्त सैंपल बाँटे जाते हैं, ताकि उन्हें कुकीज़ ख़रीदने के लिये प्रेरित किया जा सके। डेबी फ़ील्ड्स ने कभी कुकीज़ का विज्ञापन नहीं किया, क्योंकि उन्हें विश्वास था कि कुकीज़ बाँटना ही सर्वश्रेष्ठ विज्ञापन है।

'मेरी सलाह यह है कि तुम
अपने मिनटों का ध्यान रखो,
घंटे अपनी परवाह
ख़ुद कर लेंगे।'

- अर्ल ऑफ़ चेस्टरफ़ील्ड

32

जेफ बेज़ोस (जन्म : 1964)

हो सकता है आपने जेफ बेज़ोस का नाम न सुना हो, परंतु आपने उनकी वेबसाइट एमाजॉन डॉट कॉम का नाम ज़रूर सुना होगा। इस वेबसाइट पर क्रेडिट कार्ड के माध्यम से हर साल लाखों किताबें ख़रीदी जाती हैं। *फ़ॉर्ब्स* पत्रिका द्वारा जारी दुनिया के सबसे अमीर व्यक्तियों की सूची-2018 में जेफ ने बिल गेट्स को पछाड़कर पहला स्थान पाया है।

अप्रैल 1994 की बात है। कम्प्यूटर साइंस और इंजीनियरिंग के विशेषज्ञ जेफ बेज़ोस न्यू यॉर्क में फ़ंड मैनेजर थे। एक दिन इंटरनेट पर सर्फ़िंग करते समय उन्होंने यह पढ़ा कि नेट का प्रयोग करने वालों की संख्या हर महीने 2,300 प्रतिशत बढ़ रही है। यह आँकड़ा देखते ही उन्होंने फ़ैसला किया कि वे वेब के माध्यम से कोई बिज़नेस शुरू करेंगे। यह विचार मन में आते ही बेजोस ने बहुत बड़ा जोखिम लिया और अपनी अच्छी-ख़ासी नौकरी छोड़ दी।

उन्होंने इंटरनेट के माध्यम से पुस्तकें बेचने का निर्णय लिया, क्योंकि इनकी क़ीमत कम थी, संख्या अधिक थी और सबसे बड़ी बात यह कि पुस्तकों का 82 बिलियन डॉलर का बाज़ार था। उन्होंने सीटल में अपना ऑफ़िस बनाने का फ़ैसला किया, क्योंकि वहाँ पर इन्ग्राम जैसा बड़ा बुक स्टोर था। बेजोस ने अपने गैरेज में कम्प्यूटर रखा और वेबसाइट का सॉफ़्टवेयर ख़ुद तैयार किया। जब फ़ाइनैंसिंग की बात आयी, तो बेजोस ने बड़े आत्मविश्वास के साथ फ़ाइनैंसिंग कंपनी से कहा, 'मैं पुस्तक उद्योग के बारे में कुछ नहीं जानता। मैं तो बस इतना जानता हूँ कि मैं इंटरनेट पर पुस्तकें बेचकर पुस्तक उद्योग का नक़्शा बदलने वाला हूँ।'

जून 1995 में एमाजॉन डॉट कॉम वेबसाइट शुरू हुई। जल्दी ही जेफ बेज़ोस का सपना सच हुआ और मात्र चार साल बाद 1999 में एमाजॉन डॉट कॉम का बाज़ार मूल्य 6 बिलियन डॉलर आँका गया। तीन कर्मचारियों के साथ शुरू होने वाली एमाजॉन डॉट कॉम के स्टाफ़ में आज 1,000 से भी ज़्यादा कर्मचारी हैं।

बोले या लिखे गये दुखद
शब्दों में सबसे दुखद शब्द हैं,
'मैं यह काम कर सकता था।'

\- व्हिटियर

33

बिल गेट्स (जन्म : 1955)

बिल गेट्स। *फ़ॉर्ब्स* पत्रिका द्वारा जारी दुनिया के सबसे अमीर व्यक्तियों की सूची-2018 में स्थान दूसरा। पर्सनल कम्प्यूटर क्रांति के जनक। माइक्रोसॉफ़्ट के संस्थापक। बिल गेट्स ने कम्प्यूटर की धुन में हार्वर्ड युनिवर्सिटी की पढ़ाई अधूरी छोड़ दी।

जब हार्डवेयर कंपनियाँ धन बटोरने में जुटी थीं, तो बिल गेट्स ने सॉफ़्टवेयर के महत्त्व और संभावना को समझा। गेट्स ने एम.एस.डॉस को 1982 में एक छोटी सी कंपनी सीटल कम्प्यूटर्स से ख़रीदा और उसे हर कम्प्यूटर का अनिवार्य हिस्सा बना दिया। दुनिया में कम्प्यूटर क्रांति को लाने में बिल गेट्स के एम.एस.डॉस, माइक्रोसॉफ़्ट वर्ड, माइक्रोसॉफ़्ट एक्सेल आदि सॉफ़्टवेयरों का महत्त्वपूर्ण योगदान है।

बिल गेट्स ने सी.डी.रोम की उपयोगिता को भी भाँपा। जब अदूरदर्शी हार्डवेयर निर्माता अपने कम्प्यूटर में सी.डी.रोम लगाने को तैयार नहीं हुए, तो बिल गेट्स ने पहला मल्टीमीडिया एन्साइक्लोपीडिया *एन्कार्टा* तैयार किया, ताकि सी.डी.रोम का महत्त्व सबको समझ में आ जाये। बिल गेट्स अपनी कंपनी में सबसे प्रतिभाशाली प्रोग्रामर्स को रखते हैं और उन्हें मुँहमाँगी तनख़्वाह देते हैं। माइक्रोसॉफ़्ट में कर्मचारियों को कंपनी के शेयर ख़रीदने का विकल्प भी दिया जाता है, जिसकी बदौलत बहुत से कर्मचारी करोड़पति बन चुके हैं, क्योंकि माइक्रोसॉफ़्ट के शेयरों का मूल्य लगातार बढ़ रहा है।

बिल गेट्स के लिये समय बहुत महत्त्वपूर्ण है। आधी रात तक काम करना माइक्रोसॉफ़्ट में आम बात है। जैसा नेटस्केप के माइक टाइरेल कहते हैं, 'मुझे विश्वास नहीं होता कि माइक्रोसॉफ़्ट के लोग कभी सोते भी होंगे।' समय बचाने के लिये बिल गेट्स कार चलाते समय मोबाइल पर ज़रूरी बातें करते हैं, हवाई जहाज पकड़ने के लिये ऐन वक़्त पर ऑफ़िस से निकलते हैं और एक साथ कई काम करते हैं। और हाँ, गेट्स टी. वी. नहीं देखते, क्योंकि वे इसे अपने क़ीमती समय की बर्बादी मानते हैं।

वैज्ञानिक एवं आविष्कारक

‘दुनिया में समस्या यह है
कि मूर्खों में ग़ज़ब का
आत्मविश्वास होता है और
बुद्धिमान व्यक्ति शंका
से भरे होते हैं।’

- बरट्रेन्ड रसेल

34

गैलिलियो गैलिली (1564-1642)

इटली के भौतिकविद् और खगोलशास्त्री गैलिलियो ने खगोलशास्त्र में महत्त्वपूर्ण योगदान दिया। उन्होंने सूर्य के धब्बों, चंद्रमा के पर्वतों तथा घाटियों, बृहस्पति के चार सबसे बड़े उपग्रहों, शनि के वलयों और शुक्र की कलाओं की खोज की।

गैलिलियो चिकित्सा शास्त्र के अध्ययन के लिये पीसा विश्वविद्यालय गये, परंतु जल्दी ही उनका रुझान गणित की तरफ़ हो गया और वे बिना डिग्री लिये विश्वविद्यालय छोड़कर आ गये। उन्होंने घर पर ही गणित का अध्ययन किया और 1589 में वे पीसा में गणित के प्रोफ़ेसर बन गये। यहाँ पर उन्होंने अरस्तू के उस सिद्धांत को ग़लत साबित किया, जिसके अनुसार यदि दो वस्तुओं को ऊँचाई से गिराया जाये, तो अधिक भारी वस्तु धरती पर पहले पहुँचेगी। गैलिलियो ने अपनी बात को प्रयोग द्वारा सिद्ध किया। पीसा की मीनार पर चढ़कर उन्होंने दो अलग-अलग वज़न की वस्तुओं को नीचे गिराया। दोनों एक साथ ही धरती पर पहुँचीं।

1609 में उन्होंने एक शक्तिशाली दूरबीन बनाई। उस समय नौसेना में इसके महत्त्व को देखते हुए उनकी तनख़्वाह दुगनी कर दी गई। इस शक्तिशाली दूरबीन से उन्होंने अपनी खगोलशास्त्रीय खोजें कीं। उन्हें फ़्लोरेंस में दरबारी गणितज्ञ के पद पर नियुक्त कर दिया गया, ताकि उनका समय पढ़ाने में बर्बाद न हो और वे अपना पूरा समय खोज करने में लगा सकें।

गैलिलियो ने जब कोपरनिकस के इस सिद्धांत को सही ठहराया कि पृथ्वी सूर्य के चारों तरफ चक्कर लगाती है, तो इसे बाइबल-विरोधी कहकर रोमन कैथोलिक चर्च ने उन पर मुकदमा चलाया। चर्च ने उन्हें यह कहने पर विवश किया कि सूर्य पृथ्वी के चारों तरफ़ चक्कर लगाता है। उनके अक्षम्य अपराध के लिये उन्हें आजीवन कारावास की सज़ा सुनाई गई, जिसे तत्काल उनके घर में नज़रबंद रहने में बदल दिया गया। अंततः 1992 में रोमन कैथोलिक चर्च ने गैलिलियो के संबंध में हुई भूल को आधिकारिक रूप से स्वीकार किया।

‘खोज का रहस्य है वह चीज़ देखना,
जिसे सबने देखा है और वह सोचना,
जो किसी ने भी नहीं सोचा।’

- अल्बर्ट वॉन ज़ेन्ट ग्योर्गी

35

सर आइज़क न्यूटन (1642-1727)

प्रख्यात ब्रिटिश गणितज्ञ और भौतिकशास्त्री सर आइज़क न्यूटन ने दुनिया को गुरुत्वाकर्षण और गति के नियम दिये। उन्होंने प्रकाश संबंधी सिद्धांत खोजे और पहली परावर्तित दूरबीन बनाई। कैलकुलस की उनकी खोज विज्ञान के लिये एक महत्त्वपूर्ण वरदान साबित हुई।

न्यूटन के पिता उनके जन्म से पहले ही गुज़र गये थे। जब वे तीन साल के थे, तो उनकी माँ ने दूसरी शादी कर ली और नानी ने उन्हें पाला-पोसा। उन्होंने बचपन में ही सन डायल, पानी की घड़ी, पवन चक्की इत्यादि बना डालीं। वे सिर्फ़ दो साल तक स्कूल में पढ़े। अपने दूसरे पति की मृत्यु के बाद न्यूटन की माँ ने उन्हें स्कूल से निकाल लिया। वे न्यूटन को किसान बनाना चाहती थीं, लेकिन खेती करने में न्यूटन की रुचि नहीं थी। उनकी रुचि तो प्रकृति के रहस्यों को तर्कपूर्ण ढंग से सुलझाने में थी।

एक दिन जब वे बाग में टहल रहे थे, तो उन्होंने एक सेब फल को ज़मीन पर गिरते देखा। इस छोटी सी घटना के अवलोकन और विवेचन के आधार पर उन्होंने गुरुत्वाकर्षण शक्ति का नियम खोज लिया। वे काफ़ी समय से यह सोच रहे थे कि किस शक्ति के कारण चंद्रमा पृथ्वी के चारों तरफ़ चक्कर लगाता है। जब उन्होंने सेब फल को गिरते देखा, तो उनके मन में यह विचार आया कि सेब फल पर काम करने वाली गुरुत्वाकर्षण शक्ति चंद्रमा पर भी काम करती होगी, हालाँकि दूरी की वजह से यह शक्ति कम होगी। न्यूटन ने यह सिद्धांत भी दिया कि गुरुत्वाकर्षण शक्ति के आधार पर किस तरह दो वस्तुओं के बीच की दूरी या उनके भार का पता लगाया जा सकता है। छोटी सी घटना से प्रेरित होने वाली यह बहुत बड़ी खोज थी। आख़िरकार उन्होंने वह सिद्धांत खोज लिया था, जिसके कारण यह ब्रह्मांड अस्तित्व में है।

'जो लोग कहते हैं कि कोई
काम नहीं किया जा सकता,
उन्हें उन लोगों के रास्ते में
बाधा नहीं बनना चाहिये,
जो उस काम को कर रहे हैं।'

- अज्ञात

36

एडवर्ड जेनर (1749-1823)

एडवर्ड जेनर प्रख्यात ब्रिटिश चिकित्सक थे, जिन्होंने चेचक का टीका खोजा तथा प्रतिरक्षण विज्ञान की नींव रखी।

एडवर्ड जेनर ने चेचक का टीका कैसे खोजा, इसकी भी एक रोचक कहानी है। उन्हें यह सफलता एक ऐसे विचार के कारण मिली, जिसे सब जानते थे। जिस इलाक़े में जेनर काम करते थे, वहाँ यह मान्यता प्रचलित थी कि अगर किसी को काऊ पॉक्स नाम की छोटी बीमारी हो जाये, तो बाद में उसे चेचक नहीं होती। जेनर जानते थे कि हर सामाजिक मान्यता के पीछे कुछ सच्चाई होती है। मानव जाति को चेचक की विभीषिका से मुक्ति दिलाने के लिये उन्होंने इस क्षेत्र में लगातार प्रयोग किये और विशेषज्ञों से सलाह ली। विशेषज्ञों ने उन्हें हतोत्साहित करते हुए कहा कि इस मान्यता में कोई दम नहीं है।

बहरहाल, जेनर जुटे रहे। कई साल तक प्रयोग करने के बाद उन्होंने खोजा कि काऊ पॉक्स दो प्रकार की होती है, जिसमें से एक सचमुच चेचक से बचाती है। बीस साल तक मेहनत करने के बाद उन्होंने काऊ पॉक्स के विषाणुओं से चेचक का टीका तैयार किया। 14 मई 1796 को उन्होंने आठ वर्षीय जेम्स फ़िप्स को काऊ पॉक्स का टीका लगाया और 1 जुलाई को उसके शरीर में चेचक के विषाणुओं को प्रविष्ट कराया। उनके शत्रु बेसब्री से यह इंतजार कर रहे थे कि अब जेम्स फ़िप्स को चेचक होगी और वे जेनर की धज्जियाँ उड़ा देंगे।

बहरहाल, फ़िप्स को चेचक नहीं हुई और जेनर का प्रयोग सफल रहा। इस खोज ने जेनर को रातोंरात महान बना दिया। लोग उन्हें भगवान की तरह पूजने लगे, क्योंकि चेचक एक महामारी थी, जिसे जेनर ने अकेले ही हरा दिया। एडवर्ड जेनर चाहते तो चेचक के टीके की खोज से ढेर सारा पैसा कमा सकते थे, परंतु उनके लिये मानवता अधिक महत्त्वपूर्ण थी, इसलिये वे ग़रीबों को मुफ़्त टीका लगाते थे।

'बुद्धिमान व्यक्ति को जितने
अवसर मिलते हैं, उनसे
अधिक वह ख़ुद बनाता है।'

- फ्रांसिस बेकन

37

माइकल फ़ैराडे (1791-1867)

ब्रिटिश भौतिकविद और रसायनशास्त्री माइकल फ़ैराडे ने बेंजीन की खोज की और गैसों को द्रव अवस्था में लाने की विधि खोजी। बहरहाल, विज्ञान में उनका सबसे महत्त्वपूर्ण योगदान विद्युत-चुंबकीय इन्डक्शन और इलेक्ट्रोलिसिस के सिद्धांतों से संबंधित है।

माइकल फ़ैराडे के पिता लुहार थे। उनकी स्कूली शिक्षा बहुत कम थी। परिवार इतना ग़रीब था कि तेरह साल की उम्र में फ़ैराडे को स्कूल छोड़कर नौकरी करने के लिये विवश होना पड़ा। वे एक बुक बाइंडर के यहाँ काम करने लगे। यहाँ पर फ़ैराडे ने विज्ञान पर पुस्तकें पढ़ीं और विद्युत संबंधी प्रयोग किये।

एक दिन फ़ैराडे ने प्रख्यात रसायनशास्त्री सर हम्फ़्री डेवी का भाषण सुना। फ़ैराडे ने सर डेवी को चिट्ठी में उस भाषण का सार लिखते हुए नौकरी माँगी और डेवी ने उनके पत्र से प्रभावित होकर उन्हें अपना सहायक बना लिया।

फ़ैराडे ने डेवी के साथ क्लोरीन का विशेष अध्ययन किया। एक बार डॉ. पेरिस उनकी प्रयोगशाला में आये। एक ट्यूब में तेल जैसे द्रव को रखे देखकर उन्होंने फ़ैराडे को फटकारा कि वे गंदी ट्यूब का इस्तेमाल कर रहे हैं। बहरहाल, जब फ़ैराडे ने पेरिस को बताया कि वह तेल नहीं, बल्कि द्रव क्लोरीन है, तो वे आश्चर्यचकित रह गये। यह एक महत्त्वपूर्ण खोज थी। फ़ैराडे ने क्लोरीन गैस को दबाव के द्वारा द्रव में बदलना सीख लिया था। बाद में उन्होंने अन्य गैसों के साथ भी इसी तरह के प्रयोग किये।

इस दौरान उन्होंने अपने विद्युत-चुंबकीय प्रयोग जारी रखे। 1831 में उन्होंने विद्युत-चुंबकीय इंडक्शन की महान खोज की। उन्होंने यह साबित किया कि चुंबकीय क्षेत्र की मदद से विद्युत ऊर्जा कैसे प्राप्त की जा सकती है। दरअसल माइकल फ़ैराडे ने विद्युत के नये स्रोतों को खोजा और डायनैमो का निर्माण भी किया। वे सच्चे मायने में विद्युत के व्यावसायिक और व्यावहारिक उत्पादन के पितामह थे।

'जो व्यक्ति एक घंटा समय
बर्बाद करने की जुर्रत करता है,
वह जीवन के मूल्य को
नहीं समझ पाया है।'

- चार्ल्स डार्विन

38

चार्ल्स डार्विन (1809-1882)

बहुत कम पुस्तकों ने इतना तूफ़ान खड़ा किया है, जितना कि चार्ल्स डार्विन की *ऑरिजिन ऑफ़ स्पीशीज़* ने। इसमें चार्ल्स डार्विन ने यह विकासवादी सिद्धांत दिया कि मनुष्य ईश्वर की रचना न होकर वनमानुष जैसे जीव से क्रमशः विकास का परिणाम है। इस प्रकाशन के बाद चर्च ने उनकी काफ़ी आलोचना की। उनकी पत्नी तक उनके ख़िलाफ़ हो गईं, क्योंकि वे बेहद धार्मिक थीं।

बचपन में डार्विन पढ़ाई में तेज़ नहीं थे। वे किसी बात को जल्दी नहीं समझ पाते थे। पैदाइशी प्रतिभा के अभाव के कारण सफलता पाने के लिये उन्होंने ऐसे गुण विकसित किये, जो विरासत में नहीं मिलते हैं : मेहनत, लगन, दूसरों से अलग सोचने की आदत, कुछ नया करने का संकल्प। पहले तो अपने पिता तथा दादाजी की ही तरह वे भी डॉक्टर बनना चाहते थे, परंतु चीर-फाड़ करने में उनका मन नहीं लगा। इस दौरान उनकी रुचि प्राकृतिक अध्ययन में हो गई। दक्षिण अमेरिकी तटों के सर्वेक्षण के लिये जाने वाले बीगल जहाज में डार्विन ने नैचुरैलिस्ट के रूप में पाँच वर्ष तक समुद्री यात्रा की। यात्रा के दौरान उन्होंने प्राणी जगत का सूक्ष्म अवलोकन किया और उनके मन में विकासवादी सिद्धांत का विचार आया।

1842 में उन्होंने विकासवादी सिद्धांत पर पैंतीस पेज का ड्राफ़्ट तैयार किया। वे जानते थे कि यह एक महत्त्वपूर्ण विषय है और इसका काफ़ी विरोध होगा, इसलिये उन्होंने जल्दबाजी से काम नहीं लिया। उन्होंने प्रयोग किये, प्रमाण जुटाये और कई वैज्ञानिकों की सलाह भी ली। दो साल बाद उन्होंने दो सौ पैंतीस पृष्ठ की पुस्तक लिख ली थी। हालाँकि इस दौरान डार्विन को अपच तथा अन्य बीमारियाँ सताती रहीं, परंतु इसके बावजूद वे सोलह साल तक अपनी पुस्तक का तार्किक आधार मजबूत करते रहे और इसमें सुधार करते रहे। *ऑरिजिन ऑफ़ स्पीशीज़* आख़िरकार 24 नवंबर 1859 को छपी और इतनी लोकप्रिय हुई कि 1,250 प्रतियों का इसका पहला संस्करण उसी दिन हाथोंहाथ बिक गया।

'दृढ़ चरित्र वाले व्यक्ति को कठिनाइयों में विशेष आकर्षण नज़र आता है, क्योंकि कठिनाइयों से जूझकर ही वह अपनी क्षमताओं को उजागर कर सकता है।'

- चार्ल्स द गॉल

39

सर जेम्स यंग सिम्पसन (1811–1870)

ब्रिटिश चिकित्सक सर जेम्स यंग सिम्पसन क्लोरोफ़ॉर्म के एनेस्थीसिया के रूप में प्रयोग को खोजने तथा लोकप्रिय बनाने के लिये विख्यात हैं। पुराने ज़माने में ऑपरेशन में एनेस्थीसिया का प्रयोग नहीं होता था। मरीज डॉक्टर के काम में बाधा न डाले, इसलिये उसके हाथ-पैर बाँध दिये जाते थे और बेचारा मरीज अपनी आँखों से डॉक्टर को अपने शरीर की दर्दनाक चीर-फाड़ करते देखता था।

सर जेम्स सिम्पसन प्रसव विशेषज्ञ थे। 1846 में उन्हें पता चला कि अमेरिकी दंतचिकित्सक विलियम मॉर्टन एनेस्थीसिया के लिये ईथर का प्रयोग कर रहे हैं, ताकि मरीजों को दर्द का एहसास न हो। सिम्पसन भी प्रसव के दौरान एनेस्थीसिया के रूप में ईथर का प्रयोग करने लगे। धर्मगुरुओं ने सिम्पसन पर धर्म की अवहेलना का आरोप लगाते हुए विरोध किया, क्योंकि बाइबल में लिखा था कि महिलाओं को प्रसव के समय कष्ट होगा।

बहरहाल, सिम्पसन ने पाया कि ईथर प्रसव के लिये उपयुक्त नहीं है और उन्होंने अधिक प्रभावी एनेस्थीसिया की खोज शुरू की। वे दिन में प्रयोगशाला में शोध करके एनेस्थीसिया तैयार करते थे। रात को वे अपने घर पर दो डॉक्टर मित्रों के साथ बैठकर उन द्रवों को सूँघते थे। आख़िरकार 4 नवंबर 1847 की रात को सिम्पसन को उस क्लोरोफ़ॉर्म की छोटी बोतल की याद आई, जिससे वे प्रयोग कर रहे थे। उन्होंने क्लोरोफ़ॉर्म को गिलासों में डाला और मित्रों के साथ उसे सूँघा। तत्काल असर हुआ और वे एक के बाद एक ज़मीन पर गिर गये। होश आने पर सिम्पसन की ख़ुशी का ठिकाना नहीं था। उन्होंने शक्तिशाली एनेस्थीसिया खोज लिया था। इसके बाद डॉक्टरों के लिये ऑपरेशन करना बहुत आसान हो गया। मरीजों को भी दर्द से राहत मिली। उनके इस महत्त्वपूर्ण योगदान से प्रभावित होकर महारानी विक्टोरिया ने 1847 में सर जेम्स यंग सिम्पसन को स्कॉटलैंड में अपना चिकित्सक बना लिया।

‘दुखी होने का रहस्य इस बारे में सोचने की फुरसत होना है कि आप सुखी हैं या नहीं।’

- जॉर्ज बर्नार्ड शॉ

40

लुई पास्चर (1822–1895)

एन्थ्रैक्स, हाइड्रोफ़ोबिया और रैबीज जैसी गंभीर बीमारियों का इलाज खोजने वाले पास्चर एक चर्मकार के पुत्र थे। ग़रीबी भरे बचपन के बाद भी उनमें पढ़ने की गहरी ललक थी। बड़े होकर वे रसायनशास्त्री बने। एक दिन पास्चर से यह पता लगाने को कहा गया कि एक जैसे दो पात्रों में बियर रखने के बावजूद एक पात्र की बियर ख़राब क्यों हो गई। परीक्षण करते समय उन्होंने देखा कि अच्छी बियर में ख़मीर का आकार गोल था, जबकि ख़राब बियर में लंबा। वे इस निष्कर्ष पर पहुँचे कि हवा में फैले रोगाणुओं के कारण बियर ख़राब हुई थी। उस समय तक यह माना जाता था कि रोगाणु निर्जीव वस्तुओं से पैदा होते हैं, परंतु पास्चर ने हवा में रोगाणुओं के अस्तित्व को सिद्ध करके इस मान्यता को ग़लत साबित किया। 1864 में जब उन्होंने अपनी खोज को दुनिया के सामने रखा, तो उन्हें अपने युग का महानतम रसायनशास्त्री माना जाने लगा।

कुछ समय बाद उनका आधा शरीर लक़वे का शिकार हो गया, परंतु फिर भी वे काम में जुटे रहे। 1877 में उन्होंने एन्थ्रैक्स पर शोध शुरू किया। फिर चिकन कॉलरा पर। इसके बाद रैबीज पर। पास्चर रैबीज के नमूने इकट्ठे करने के लिये इतने उतावले थे कि उन्होंने अपने अहाते में बहुत से पागल कुत्ते पाल रखे थे और उन्होंने एक पागल कुत्ते की लार नली से खींची। इसमें बहुत जोखिम था, क्योंकि पागल कुत्ते की लार से ही यह बीमारी फैलती है। बहरहाल, इसी जोखिम की बदौलत पास्चर ने एक ऐसा सीरम खोज लिया, जिससे रैबीज के आतंक का अंत हो गया।

वे अपने शिष्यों को सिखाते थे, 'काम करो। कभी काम करना बंद मत करो।' वे ख़ुद भी इसी सिद्धांत का जीवन भर पालन करते रहे। यह कहा जाता है कि अपने विवाह के दिन पास्चर अपने प्रयोगों में इतने तल्लीन थे कि लोगों को उन्हें प्रयोगशाला से बुलाकर लाना पड़ा।

'समझदार व्यक्ति एक शब्द
सुनता है और दो शब्द समझता है।'

- यहूदी कहावत

41

जोसेफ़ बैरन लिस्टर (1827–1912)

बैरन की उपाधि तथा ऑर्डर ऑफ़ मेरिट से सम्मानित जोसेफ़ बैरन लिस्टर ने 1865 में एंटीसेप्टिक प्रणाली की खोज की, जिससे गैंग्रीन और सेप्टिक का आतंक समाप्त हुआ।

लिस्टर एक कुशल सर्जन थे, परंतु फिर भी उनके लगभग आधे मरीज सेप्टिक की वजह से मर जाते थे। जब लिस्टर को पास्चर की इस खोज का पता चला कि संक्रमण करने वाले रोगाणु हर स्थान पर होते हैं, शरीर के अंदर भी, तो लिस्टर ने एंटीसेप्टिक प्रणाली विकसित करने के लिये शोध और प्रयोग प्रारंभ कर दिये। महीनों तक प्रयोग करने के बाद वे इस निष्कर्ष पर पहुँचे कि सेप्टिक से बचने का एकमात्र तरीक़ा यह था कि घाव लगातार किसी कीटाणुरोधी तत्व के संपर्क में रहे, ताकि रोगाणु जीवित न रह पायें। इसलिये लिस्टर कार्बोलिक एसिड में डुबाकर घाव की ड्रेसिंग करने लगे।

उन्होंने ऑपरेशन के औज़ारों को कीटाणुरहित बनाने पर जोर दिया, जिसकी वजह से दूसरे डॉक्टरों ने उनकी खिल्ली उड़ाई। जब उन्होंने अपनी एंटीसेप्टिक विधि का प्रयोग किया, तो उनके वार्ड में एक भी मरीज सेप्टिक से नहीं मरा, जबकि अस्पताल के दूसरे वार्डों में मरीज सेप्टिक से लगातार मर रहे थे। इससे उनकी एंटीसेप्टिक प्रणाली को मान्यता मिली और यह लोकप्रिय हो गई। लिस्टर ने टाँके लगाने के क्षेत्र में भी महत्त्वपूर्ण योगदान दिया। उस समय तक घावों को बहुत महीन रेशम के तार से सिला जाता था, जिसकी वजह से जहर फैल जाता था। लिस्टर ने जानवरों पर प्रयोग करने के बाद टाँके लगाने के लिये कैटगट (भेड़ की आँतों से बने धागे) का इस्तेमाल किया, जिसे शरीर के ऊतक सोख लेते थे और इससे ज़हर फैलने का ख़तरा नहीं रहता था। चिकित्सा में उनके उल्लेखनीय योगदान के लिये उन्हें 1894 में रॉयल सोसायटी का अध्यक्ष बना दिया गया।

‘दूसरे आविष्कारकों के साथ
समस्या यह है कि वे कई
प्रयोगों में असफल होने के
बाद हार मान लेते हैं।
मैं तब तक जुटा रहता हूँ,
जब तक कि मैं वह न पा लूँ,
जो मैं चाहता हूँ।’

- थॉमस एडिसन

42

थॉमस एडिसन (1847–1931)

बिजली के बल्ब और रिकॉर्ड प्लेयर जैसे अनेक उपयोगी आविष्कार करने वाले थॉमस अल्वा एडिसन दुनिया के सबसे बड़े आविष्कारक माने जाते हैं, जिन्होंने 1093 आविष्कारों का पेटेंट करवाया।

मज़ेदार बात यह है कि बचपन में इस महान आविष्कारक को मंदबुद्धि समझा जाता था। उनके शिक्षकों ने साफ़ कह दिया था कि वे कुछ नहीं सीख सकते और जीवन में कुछ नहीं बन सकते। वे सिर्फ़ तीन महीने स्कूल गये। बाद में उनकी माँ ने उन्हें घर पर पढ़ाया।

स्वयं को शिक्षित करने के लिये दस साल की उम्र में उन्होंने ढेरों पुस्तकें पढ़ीं, 'मैंने पुस्तकें नहीं पढ़ीं; मैंने तो पूरी लाइब्रेरी पढ़ डाली। मैंने ए अक्षर से किताबें पढ़ना शुरू कीं और डेट्रॉइट की आधी लाइब्रेरी चाट डाली।' इसी ज्ञान ने उन्हें प्रकृति के रहस्यों को खोजने के लिये प्रेरित किया।

प्रयोगों में वे इतने खो जाते थे कि मुश्किल से तीन-चार घंटे ही सोते थे। कई बार तो ऐसे मौक़े आते थे जब किसी नये आविष्कार की धुन में वे कई दिन तक घर नहीं जाते थे। अपनी मेज़ पर ही पुस्तक को तकिये की तरह रखकर वे झपकी ले लेते थे और आँख खुलने पर फिर काम में जुट जाते थे। एक बार एडिसन बिना खाये-पिये साठ घंटे तक काम करते रहे, क्योंकि उन्होंने संकल्प लिया था कि जब तक उस काम को नहीं कर लेंगे, तब तक भोजन नहीं करेंगे। बिजली का बल्ब बनाते समय उनके हज़ारों प्रयोग असफल रहे, फिर भी उन्होंने हार नहीं मानी। वे मानते थे कि हर असफलता इंसान को सफलता के अधिक क़रीब लाती है, इसलिये वे विश्वास के साथ जुटे रहे और अंततः उन्होंने बिजली का बल्ब बना लिया। उनकी सफलता का राज़ यह था कि उन्होंने हर कठिनाई को चुनौती की तरह लिया, और जीवन की बाधाओं को सफलता की सीढ़ी बना लिया।

'लगन का अर्थ है 19 बार असफल होने के बाद 20वीं बार सफल होना।'

- जे. एन्ड्रयूज़

43

अलैक्ज़ेंडर ग्राहम बेल (1847–1922)

अलैक्ज़ेंडर ग्राहम बेल का आविष्कार आज ज़्यादातर कार्यालयों और घरों में अनिवार्य बन चुका है। उन्होंने टेलीफ़ोन का आविष्कार किया था।

अपनी युवावस्था में उन्होंने सोचा भी नहीं था कि वे ऐसा कोई आविष्कार करेंगे। यह आविष्कार प्रेम के कारण हुआ। बोस्टन युनिवर्सिटी में बधिरों को भाषा सिखाते समय उन्हें एक बधिर युवती मैगल हबार्ड से प्रेम हो गया। इसके बाद वे एक ऐसी मशीन बनाने में जुट गये, जिससे उनकी प्रेमिका सुन सके। इसी दौरान उनके मन में टेलीफ़ोन बनाने का विचार आया।

बेल ने एक मरे हुए आदमी के कान को चीरकर यह देखा कि हवा किस तरह ध्वनि उत्पन्न करती है। उन्होंने सोचा कि जिस तरह कान के पर्दे की छोटी सी झिल्ली कान की हड्डियों को हिलाती है, अगर उसी तरह लोहे की झिल्ली लोहे से बने ढाँचे को हिला सके, तो टेलीफ़ोन के माध्यम से शब्दों का आदान-प्रदान संभव है। बेल और उनके सहयोगी वाटसन बोस्टन के बोर्डिंग हाउस के दो कमरों में बंद हो गये और दिन-रात प्रयोग करते रहे।

10 मार्च 1876 को जब वाटसन अपने कान से रिसीवर चिपकाये थे, तो दूसरी तरफ़ से उन्हें बेल की आवाज़ सुनाई दी, 'मिस्टर वाटसन, कम हियर प्लीज, आई वान्ट यू।' बेल की मेहनत सफल हो गई थी, परंतु संघर्ष अभी बाक़ी था। जब बेल ने अपने टेलीफ़ोन को एक प्रदर्शनी में रखा, तो किसी ने भी इस आविष्कार को महत्त्वपूर्ण नहीं माना। प्रख्यात बैंकर जे.पी. मॉर्गन ने तो उनसे साफ़ शब्दों में कह दिया, 'आपके टेलीफ़ोन के आविष्कार का कोई व्यावसायिक मूल्य नहीं है।' बहरहाल, बेल को इसकी संभावनायें साफ़ दिख रही थीं। टेलीफ़ोन का व्यावसायिक विकास बहुत धीमे हुआ, परंतु धीरे-धीरे कुछ सुधारों के बाद लोगों को इसका महत्त्व समझ में आने लगा और अलैक्ज़ेंडर ग्राहम बेल लोकप्रिय होने के साथ-साथ अमीर भी बन गये।

*'मोती समुद्र के किनारे पर
नहीं मिलते। अगर आपको
मोती पाना है, तो आपको समुद्र में
गोता लगाना होगा।'*

- चीनी कहावत

44

मैरी क्यूरी (1867–1934)

पोलैंड में जन्मी मैरी क्यूरी (मान्या स्क्लोदोवस्का) दो नोबेल पुरस्कार जीतने वाली इकलौती महिला हैं, जिन्हें भौतिकी और रसायन शास्त्र के लिये नोबेल पुरस्कार मिले।

जब वे सोलह वर्ष की थीं, तो उनकी माँ की मृत्यु हो गई। इसके बाद उनके पिता का बिज़नेस चौपट हो गया और उन्हें कई मुश्किलों का सामना करना पड़ा। सौभाग्य से उनकी मुलाक़ात पियरे क्यूरी से हुई और दोनों ने विवाह कर लिया। जब वे सोरबॉन में अपनी पीएच.डी. के लिये शोध कर रही थीं, तभी उन्होंने दो नये तत्व रेडियम और पोलोनियम खोजे। इस महिला ने जीवन भर अपनी जान जोखिम में डालते हुए प्रयोग किये। हालाँकि वे जानती थीं कि रेडियेशन का शरीर पर बहुत बुरा प्रभाव पड़ता है, इसके बावज़ूद अपनी गर्भावस्था के दौरान भी वे रेडियेशन के बीच प्रयोग करती रहीं।

पुरुषप्रधान समाज में सफल होने के लिये महिलाओं को कई बाधाओं और पूर्वाग्रहों का सामना करना पड़ता है। मैरी क्यूरी ने रेडियम खोजा था, परंतु वे जानती थीं कि लोग यह विश्वास नहीं करेंगे कि कोई महिला ऐसी खोज कर सकती है, इसलिये उन्हें अपने पति के साथ नोबेल पुरस्कार बाँटना पड़ा। इसके बाद सोरबॉन में उनके पति को प्रोफ़ेसर बना दिया गया और मैरी को उनकी असिस्टेंट। 1906 में उनके पति की मृत्यु के बाद मैरी को पियरे का पद तो मिला, परंतु प्रोफ़ेसर का पूरा दर्जा नहीं दिया गया। उन्हें लेक्चरर और प्रयोगशाला का प्रमुख बनाया गया, लेकिन विभाग प्रमुख नहीं बनाया गया। अंततः 1908 में उन्हें पूरी तरह से प्रोफ़ेसर के पद पर नियुक्ति मिली। मैरी क्यूरी का जीवन एक मिसाल है कि मेहनत और साहस हो, तो इंसान बहुत कुछ कर सकता है।

'मेरे शब्दकोश में असंभव
शब्द नहीं है।'

- नेपोलियन बोनापार्ट

45

ऑरविल राइट (1871–1948), विल्बर राइट (1867–1912)

इंग्लैंड की रॉयल सोसायटी के अध्यक्ष लॉर्ड केल्विन ने 1885 में कहा था, 'हवा से भारी उड़ने वाली मशीनें बनाना असंभव है।' बहरहाल, राइट बंधुओं ने हवाई जहाज बनाकर असंभव को संभव कर दिखाया।

दोनों भाई हाई स्कूल की पढ़ाई भी पूरी नहीं कर पाये थे, परंतु बचपन से ही वे हवा में उड़ने वाली मशीन बनाने के विचार से रोमांचित थे। वे आधी रात तक जागते हुए इसके सपने देखते थे और एक-दूसरे से बातें करते थे।

1892 में उन्होंने राइट साइकल कंपनी स्थापित की और दस वर्षों तक साइकलें बनाईं तथा बेचीं। इस दौरान वे हवाई जहाज बनाने की दिशा में प्रयोग करते रहे। उन्होंने अपनी साइकल की दुकान में विंड टनेल बनाई और प्रयोग करके देखा कि पंखों पर हवा की शक्ति का क्या प्रभाव होता है। वर्षों तक उन्होंने पतंगों और ग्लाइडरों पर भी प्रयोग किये।

आख़िरकार उन्होंने 17 दिसंबर 1903 को अपने एक ग्लाइडर में ख़ुद का बनाया इंजन लगाया और उसे उड़ने वाली मशीन में बदल दिया। दस बजकर पैंतीस मिनट पर ऑरविल राइट ने जब पहली उड़ान भरी, तो उनकी मशीन बारह ऐतिहासिक सेकंडों तक हवा में रही और सौ फुट दूर तक उड़ी। दिन की आख़िरी उड़ान में विल्बर ने हवाई जहाज को 59 सेकंड तक उड़ाया और 260 मीटर की दूरी तय की। हालाँकि बड़े लक्ष्य की दिशा में यह एक छोटा क़दम था, लेकिन यह दिन मानव इतिहास में अमर हो गया, क्योंकि इस दिन मनुष्य ने भौगोलिक दूरी को जीत लिया था।

‘समय की रेत पर क़दमों के
निशान बैठकर नहीं बनाये जा सकते।’

- कहावत

46

मार्कोनी (1874–1937)

मार्कोनी ने प्रथम व्यावहारिक रेडियो सिग्नल सिस्टम का आविष्कार किया, जिसके लिये उन्हें 1909 में नोबेल पुरस्कार मिला। रेडियो तथा टी.वी. के आविष्कारों में मार्कोनी ने महत्त्वपूर्ण योगदान दिया।

किशोरावस्था में ही मार्कोनी घर के एक कमरे से दूसरे कमरे तक बेतार संदेश भेजने लगे थे। धीरे-धीरे वे दो मील दूर तक संदेश भेजने लगे। उनका सपना था कि वे दुनिया में कहीं से भी कहीं तक बेतार संदेश भेज सकें। उनके पिता ने उन्हें समझाया कि वे प्रयोग करना छोड़ दें, क्योंकि यह समय की बर्बादी के सिवाय कुछ नहीं है। इसके बजाय वे कोई ढंग का काम करें, ताकि कुछ पैसे कमा सकें। परंतु मार्कोनी ने अपने पिता को अपने सपनों की राह में बाधक नहीं बनने दिया।

छोटी दूरी के संदेश सफलता से पहुँचाने के बाद 1901 में मार्कोनी ने इंग्लैंड से अमेरिका तक वायरलेस संदेश भेजने का प्रयोग किया। मार्कोनी ने अमेरिका पहुँचकर एरियल के रूप में बाँस और रेशम की एक पतंग का प्रयोग किया। तेज हवा ने इस पतंग के चीथड़े उड़ा दिये, परंतु मार्कोनी ने हार नहीं मानी। उन्होंने एक ऐसी पतंग बनाई, जो हवा में सुरक्षित रह सके। वे घंटों तक कान लगाकर सुनते रहे, परंतु कोई आवाज़ नहीं आई। वे बहुत निराश हो गये, क्योंकि उन्हें लग रहा था कि उनका प्रयोग सफल नहीं हुआ और उनके जीवन का महान सपना अधूरा रह गया। तभी अचानक उन्हें एक हल्की आवाज सुनाई दी। फिर एक और आवाज़, फिर एक और आवाज़। प्रयोग सफल हो गया था। यह तीन बिंदुओं का पूर्व-निर्धारित संकेत था, जिसका टेलीग्राफ़ की भाषा में अर्थ था एस अक्षर।

सिर्फ़ 27 साल की उम्र में मार्कोनी का सपना सच हो गया। वायरलेस टेलीग्राफ़ी का जन्म हुआ और दुनिया का नक़्शा ही बदल गया।

'ऐसे लोगों से दूर रहें,
जो आपकी महत्त्वाकांक्षाओं को
छोटा करना चाहते हैं।
छोटे लोग हमेशा यह काम करते हैं,
जबकि सचमुच महान लोग आपको
यह अनुभव कराते हैं
कि आप भी महान बन सकते हैं।'

- मार्क ट्वेन

47

अल्बर्ट आइंस्टीन (1879–1955)

1921 में भौतिकी का नोबेल पुरस्कार जीतने वाले महान भौतिकविद अल्बर्ट आइंस्टीन की प्रतिभा से कौन परिचित नहीं है? परंतु क्या आप जानते हैं कि वे तीन साल की उम्र तक बोलना भी नहीं सीख पाये थे और बचपन में पढ़ाई में कमज़ोर थे? दरअसल उनके माता-पिता को यह डर सताता था कि उनका बच्चा मंदबुद्धि है।

1895 में जब उन्होंने ज्यूरिख़ की प्रसिद्ध पोलिटेक्निक अकादमी में आवेदन दिया, तो उन्हें अयोग्य माना गया। एक साल तक घर पर अध्ययन करने के बाद उन्हें वहाँ पर प्रवेश मिला और वे 1900 में स्नातक हो गये, परंतु जब उन्होंने वहाँ पढ़ाने की इच्छा जाहिर की, तो उन्हें एक बार फिर अयोग्य कहकर अवसर नहीं दिया गया। ज़रा सोचिये, भविष्य में सापेक्षता के सिद्धांत की बदौलत नोबेल पुरस्कार जीतने वाले आइंस्टीन को जीवन के हर मोड़ पर अयोग्य समझा गया, लेकिन सबसे बड़ी बात यह थी कि उन्होंने ख़ुद को कभी अयोग्य नहीं समझा।

वे बर्न में स्विस पेटेंट ऑफ़िस में नौकरी करने लगे। नौकरी के साथ-साथ अपने ख़ाली समय में वे सापेक्षता के सिद्धांत पर काम करते रहे। जब उन्होंने सापेक्षता का सिद्धांत दुनिया के सामने रखा, तो वे रातोंरात मशहूर हो गये। यह सिद्धांत बहुत जटिल था और आइंस्टीन के अनुसार इसे दुनिया में शायद दस-बारह लोग ही समझ पाये होंगे। बहरहाल उन्होंने सापेक्षता के सिद्धांत को आसान शब्दों में इस तरह समझाया था, 'जब आप सुंदर प्रेमिका के साथ बैठे हों, तो एक घंटा एक पल की तरह लगता है; परंतु जब आप लाल सुर्ख़ कोयले पर बैठे हों, तो एक पल एक घंटे की तरह लगता है।'

अल्बर्ट आइंस्टीन के लिये भौतिकी पहले नंबर पर आती थी और पत्नी दूसरे नंबर पर। इस बात से उनकी पत्नी चिढ़ती थीं और अंत में दोनों का तलाक़ हो गया।

*'जो लोग इस दुनिया में
आगे निकलते हैं,
वे ऐसे लोग हैं जो अपनी मनचाही
परिस्थितियों की तलाश करते हैं
और अगर उन्हें वैसी परिस्थितियाँ
नहीं मिलती हैं,
तो वे उन्हें बना लेते हैं।'*

- जॉर्ज बर्नार्ड शॉ

48

अब्दुल कलाम (1931-2015)

डॉ. ए.पी.जे. अब्दुल कलाम। भारत के राष्ट्रपति रहे। 'मिसाइल पुरुष' कहलाए। परमाणु व मिसाइल कार्यक्रमों में महत्त्वपूर्ण भूमिका निभाई। प्रौद्योगिकी के क्षेत्र में भारत को महाशक्ति का दर्जा दिलाने के लिये सतत प्रयत्नशील रहे। बच्चों के प्यारे 'कलाम चाचा।'

रामेश्वरम में एक नाव-मालिक के घर जन्मे कलाम के जीवन का सफ़र बहुत दिलचस्प है। बचपन में उन्होंने अख़बार बेचे। एम.आई.आई.टी. में एडमिशन के लिये उन्हें 1000 रुपये की ज़रूरत थी, परंतु उनके पिता के पास इतने पैसे नहीं थे। ऐसे में उनकी बहन ने अपनी सोने की चूड़ियाँ और चेन गिरवी रखकर पैसों का इंतज़ाम किया।

कलाम ने अपनी कल्पनाशक्ति, मेहनत और लगन की बदौलत भारत की रक्षा प्रौद्योगिकी के क्षेत्र में अनेक सफलतायें हासिल कीं। वे बेहद कर्मठ थे। एक बार विक्रम साराभाई से मिलने के लिये उन्हें सुबह साढ़े तीन बजे का अपॉइंटमेंट मिला, तो वे सारी रात ख़ुशी-ख़ुशी जागते रहे। देर रात तक काम करने के धुनी कलाम काम के सिलसिले में रात को ग्यारह बजे भी मीटिंग कर सकते थे और सुबह तीन बजे भी।

वे टीम वर्कर रहे। उन्होंने डी.आर.डी.ओ. में पुरस्कार की योजना शुरू की, जिसमें उल्लेखनीय योगदान देने वाले वैज्ञानिकों को नक़द पुरस्कार और प्रशस्ति देने का प्रावधान था। उनका मानना था कि उत्कृष्ट प्रदर्शन के लिये हर व्यक्ति को सराहना और सम्मान मिलना चाहिये, ताकि लोगों को बेहतर प्रदर्शन करने की प्रेरणा मिले।

सादा जीवन उच्च विचार के सिद्धांत पर चलने वाले अब्दुल कलाम ने बचपन में आसमान में उड़ने का सपना देखा था। वे चाहते थे कि भारत का हर बच्चा उनकी तरह बड़े सपने देखे, ताकि यह देश प्रगति के शिखर पर पहुँच सके। उन्होंने हर साल एक लाख बच्चों को प्रेरित करने का लक्ष्य बनाया है, क्योंकि वे जानते हैं कि आज के बच्चे ही कल के कर्णधार हैं।

लेखक एवं साहित्यकार

'मस्तिष्क भी बहुत अद्‌भुत
स्थान है; यह स्वर्ग को नर्क में
और नर्क को स्वर्ग में
बदल सकता है।'

- जॉन मिल्टन

49

जॉन मिल्टन (1608–1674)

जॉन मिल्टन को शेक्सपियर के बाद इंग्लैंड का महानतम कवि माना जाता है। बारह वर्ष की उम्र से ही उन्होंने आधी रात तक पढ़ने की आदत डाल ली, क्योंकि वे जीवन में सफल होना चाहते थे। 1632 से 1638 तक उन्होंने साहित्यकार बनने के महान लक्ष्य के लिये ख़ुद को तैयार किया। इस दौरान उन्होंने लेटिन और ग्रीक साहित्य का गहन अध्ययन किया।

बहरहाल, इंग्लैंड की राजनीतिक परिस्थितियों ने उन्हें सार्वजनिक जीवन में प्रवेश करने के लिये विवश कर दिया। वे इंग्लैंड के शासक क्रॉमवेल के लेटिन सेक्रेटरी बन गये। इस दौरान उन्होंने कई विचारोत्तेजक गद्य रचनायें लिखीं, जो प्रभावी तो थीं, परंतु अमर साहित्य की श्रेणी में नहीं आती थीं। सार्वजनिक जीवन की व्यस्तता के चलते उन्हें साहित्य-सृजन की फुरसत ही नहीं मिल पा रही थी। तभी एक ऐसी घटना हो गई, जिससे यह लगा कि मिल्टन का महान साहित्यकार बनने का सपना कभी पूरा नहीं हो पायेगा। 1652 में वे अंधे हो गये।

1660 में चार्ल्स द्वितीय इंग्लैंड के सम्राट बने और मिल्टन पर मुसीबतों का पहाड़ टूट पड़ा। क्रॉमवेल का समर्थक होने की वजह से उन पर जुर्माना किया गया और कुछ समय के लिये जेल में भी डाल दिया गया। यह मिल्टन के जीवन का सबसे कष्टकारी दौर था। उनकी उम्र ढल रही थी। वे अंधे हो चुके थे। बिना सहयोगी के वे लिख नहीं सकते थे। इंग्लैंड के सम्राट उनके ख़िलाफ़ थे और सामाजिक रूप से भी वे सबसे कट चुके थे। इन सारी विपत्तियों के बावजूद उन्होंने इसी दौर में अपनी महानतम रचनायें लिखीं, जिनमें *पैराडाइज लॉस्ट* सबसे लोकप्रिय है। मिल्टन का जीवन इस बात का प्रमाण है कि अगर इंसान लक्ष्य बना ले और उसे न भूले, तो वह तमाम बाधाओं और विपत्तियों के बावज़ूद सफल हो जाता है।

‘जो बात दिल से निकलती है,
वह दिल तक पहुँचती है।’

- सैम्युअल टेलर कॉलरिज

50

जॉन बनयन (1628–1688)

अँग्रेज़ी भाषा में बाइबल के बाद सबसे अधिक बिकने वाली पुस्तक है *द पिलग्रिम्स प्रोग्रेस।* इसके लेखक जॉन बनयन का जन्म बहुत ग़रीब परिवार में हुआ। उनके पिता बर्तन सुधारने का काम करते थे और वे भी यही काम करने लगे।

जॉन का जीवन उनकी पत्नी की वजह से बदला। वे अपने साथ दो धार्मिक पुस्तकें लेकर आई थीं, जिनका जॉन पर बहुत गहरा प्रभाव पड़ा। वे नॉन-कन्फ़र्मिस्ट चर्च में शामिल होकर उपदेशक बन गये। एक साल के भीतर ही उन पर धर्मविरोधी उपदेश देने के आरोप लगने लगे। 1660 में उन्हें गिरफ़्तार कर लिया गया। न्यायाधीश ने उनसे कहा कि अगर वे भविष्य में उपदेश न दें, तो उन्हें छोड़ दिया जायेगा, परंतु बनयन ने इससे इंकार कर दिया। न्यायाधीश के सामने उन्हें जेल भेजने के सिवाय कोई दूसरा विकल्प नहीं था। जब सम्राट का राज्याभिषेक हुआ, तो उन्होंने यह मुनादी करवा दी कि जेल में बंद क़ैदी अगर माफ़ी माँगेंगे, तो उन्हें सज़ा में छूट मिल जायेगी। परंतु स्वाभिमानी बनयन माफ़ी माँगने के लिये तैयार नहीं हुए।

अपने परिवार के भरण-पोषण के लिये बनयन ने जेल में लेस बनाकर पैसे कमाये। जेल में ही उन्होंने अपना सर्वश्रेष्ठ उपन्यास *द पिलग्रिम्स प्रोग्रेस* लिखा। आख़िरकार बनयन को रिहा कर दिया गया और 1678 में *द पिलग्रिम्स प्रोग्रेस* प्रकाशित हुई।

एक सदी तक यह पुस्तक बेस्टसेलर थी, परंतु यह सिर्फ़ ग़रीबों में ही लोकप्रिय थी। बहरहाल, अठारहवीं सदी के मध्य में अभिजात्य वर्ग ने इस पुस्तक के महत्त्व को समझा। मैकॉले ने लिखा है, 'आम तौर पर जब किसी पुस्तक की गुणवत्ता के बारे में शिक्षित अल्पमत और आम लोगों में मतभेद होता है, तो अंत में शिक्षित अल्पमत की राय ही मानी जाती है। शायद *द पिलग्रिम्स प्रोग्रेस* एकमात्र ऐसी पुस्तक है, जिसके बारे में शिक्षित अल्पमत ने आम लोगों की राय मानी है।'

'प्रत्येक घटना के अच्छे पहलू
को देखने की आदत हज़ार
पौंड से भी अधिक मूल्यवान है।'

- सैम्युअल जॉनसन

51

डॉ. सैम्युअल जॉनसन (1709–1784)

इंग्लैंड में अठारहवीं सदी को बौद्धिकता का स्वर्ण युग माना जाता है। इस युग के साहित्यिक नेता थे प्रख्यात आलोचक, निबंधकार, पत्रकार, उपन्यासकार, कवि और लेखक डॉ. सैम्युअल जॉनसन, जिन्होंने अँग्रेज़ी भाषा का प्रथम शब्दकोश तैयार किया।

उनके पिता पुस्तकें बेचते थे। सैम्युअल के पास बहुत कम कपड़े थे और उन्हें अपने मोटे शरीर को तंग कपड़ों में घुसाने के लिये काफ़ी मशक्कत करना पड़ती थी। बचपन में एक बीमारी के कारण उनका चेहरा विकृत हो गया और उनकी एक आँख हमेशा के लिये बेकार हो गई।

बचपन से ही सैम को पढ़ने और सीखने की धुन थी। वे पुस्तकों के ज्ञान को स्पंज की तरह सोख लेते थे। उन्नीस साल की उम्र में वे पढ़ने के लिये ऑक्सफ़ोर्ड गये। वहाँ पर वे कई कक्षाओं में नहीं जाते थे, क्योंकि उनके जूते फटे हुए थे। एक बार एक सहपाठी ने उनके दरवाज़े पर नये जूते रख दिये, परंतु स्वाभिमानी जॉनसन ने इस भीख को स्वीकार नहीं किया। अंततः पैसों की तंगी के चलते वे बिना डिग्री के ही ऑक्सफ़ोर्ड से लौट आये।

ऑक्सफ़ोर्ड से लौटने के बाद जॉनसन ने 1736 में एक स्कूल खोला, लेकिन स्कूल में सिर्फ़ तीन ही छात्र आये। सफलता की तलाश में वे लंदन की ओर चल दिये। यहाँ उन्होंने पत्रकार के रूप में काम किया, दूसरों के नाम से पुस्तकें लिखीं और जैसे-तैसे अपना पेट पाला। अपने अख़बारों, लेखों, कविताओं और समालोचना से जॉनसन प्रतिष्ठित तो हो चुके थे, परंतु प्रतिष्ठा से पेट नहीं भरता। जॉनसन ने जीवन भर ग़रीबी से संघर्ष किया और अस्थमा की बीमारी से भी। आठ साल तक उन्होंने अँग्रेज़ी भाषा की डिक्शनरी तैयार करने के लिये दिन-रात मेहनत की। इस डिक्शनरी ने जॉनसन के भाग्य को तो बदला ही, अँग्रेज़ी भाषा को भी बदलकर रख दिया।

'मैंने दिन में 20 घंटे काम किया है,
हर दिन; जिसमें रविवार भी शामिल है।'

- हेलेना रुबिन्स्टीन

52

बालज़ाक (1799–1850)

आधुनिक उपन्यास के जनक तथा प्रख्यात फ़्रांसीसी साहित्यकार बालज़ाक ने अपने सैकड़ों उपन्यासों में उन्नीसवीं सदी के फ़्रांस का यथार्थवादी चित्रण किया है। 92 उपन्यासों की शृंखला *द ह्यूमन कॉमेडी* ने उन्हें विशेष प्रतिष्ठा दिलाई।

बालज़ाक का बचपन सुखद नहीं था। उनकी माँ उनसे प्रेम नहीं करती थीं, इसलिये उन्हें बोर्डिंग स्कूल में रहना पड़ा। वकालत की पढ़ाई करने के बाद उन्होंने तीन साल तक लॉ क्लर्क का काम किया। फिर उनके मन में साहित्यकार बनने का विचार आया। 1819 में उन्होंने अपने आपको कमरे में बंद करके लिखना शुरू किया। बहरहाल, कड़ी मेहनत करने के बावजूद उन्हें दस साल तक सफलता नहीं मिली। पैसे कमाने के लिये वे प्रकाशन की दिशा में मुड़े तथा अपने धन का निवेश सार्डीनिया की चाँदी की खुदाई करने वाली एक कंपनी में भी किया। इस वजह से वे क़र्ज़ में डूब गये। बालज़ाक ने पत्रिकाओं के लिये कहानियाँ भी लिखीं। चूँकि इन कहानियों के बदले में उन्हें शब्दों के हिसाब से पैसे मिलते थे, इसलिये उन्हें आशा थी कि वे जल्दी ही क़र्ज़ से मुक्त हो जायेंगे। बहरहाल, ऐसा नहीं हुआ। वे जीवन भर पैसे की तंगी से जूझते रहे।

बालज़ाक का दिन आधी रात को शुरू होता था। रात के बारह बजे से वे सुबह आठ बजे तक लगातार लिखते थे। फिर वे ढेर सारी कॉफ़ी पीते थे, ताकि उन्हें नई ऊर्जा मिल सके। इसके बाद वे दुबारा लिखने में जुट जाते थे और शाम को चार बजे तक लगातार लिखते थे। फिर वे मित्रों के साथ डिनर करते थे और रात को आठ से नौ बजे के बीच सोने चले जाते थे। पूरे सप्ताह उनकी यही दिनचर्या रहती थी। उनकी कर्मठता का प्रमाण यह है कि एक रात को जब वे बहुत बीमार थे, तब भी उन्होंने 15,000 शब्द यानी लगभग चालीस पेज लिख डाले।

‘सुख का रहस्य वह काम
करना नहीं है, जो आपको पसंद हो;
बल्कि उस काम को पसंद करना है,
जिसे आपको करना ही है।’

- जे.एम. बैरी

53

अलैक्ज़ेंडर ड्यूमा (1802–1870)

अलैक्ज़ेंडर ड्यूमा रोमांटिक युग के महान फ़्रांसीसी उपन्यासकार और नाटककार थे। उन्होंने *द थ्री मस्केटियर्स* और *द काउंट ऑफ़ माउंटे क्रिस्टो* जैसे अमर ग्रंथ लिखे हैं।

उनकी स्कूली शिक्षा भले ही बहुत कम थी, परंतु पढ़ने में उनकी गहरी रुचि थी। बाद में वे एक क्लर्क के पद पर नौकरी करने लगे। तभी उन्होंने ब्रिटेन की शेक्सपीरियन कंपनी का एक नाटक देखा। इससे उन्हें नाटक लिखने की प्रेरणा मिली। जब उनका पहला नाटक पेरिस में खेला गया, तो वे इतने ग़रीब थे कि उनके पास थियेटर पहनकर जाने के लिये कॉलर नहीं थी और उन्हें सफ़ेद कार्डबोर्ड के टुकड़े से कॉलर काटनी पड़ी।

ड्यूमा अपने लेखन में इतने डूब जाते थे कि कई बार तो वे भोजन करना ही भूल जाते थे। उस समय यदि कोई मित्र उनसे मिलने आ जाता था, तो वे बायाँ हाथ उठाकर उसका अभिवादन करते थे और दायें हाथ से लिखते रहते थे। काग़ज़ और स्याही के संबंध में वे थोड़े सनकी थे। वे उपन्यास नीले काग़ज़ पर लिखते थे, कविता पीले काग़ज़ पर और लेख गुलाबी काग़ज़ पर। नीली स्याही का उपयोग वे कभी नहीं करते थे।

कई लेखकों को एक समय में एक से अधिक पुस्तक लिखने में कठिनाई होती है, परंतु अलैक्ज़ेंडर ड्यूमा एक साथ पाँच उपन्यासों पर काम करते थे। ऐसा करना उनका शौक़ नहीं, बल्कि मजबूरी थी, क्योंकि उनके पाँच उपन्यास एक ही समय में अलग-अलग अख़बारों में धारावाहिक रूप से छपते थे। लिखने में उनका इतना वक़्त चला जाता था कि उन्हें अपनी प्रकाशित पुस्तकें पढ़ने की फुरसत ही नहीं थी। अपनी लगन व मेहनत की बदौलत ही इस महान लेखक ने लगभग सौ नाटक और सैकड़ों उपन्यास लिखे तथा पचास लाख डॉलर से अधिक धन कमाया।

‘अब यह सोचने का समय नहीं है
कि आपके पास क्या नहीं है।
यह सोचें कि जो कुछ भी है,
उसके द्वारा आप क्या कर सकते हैं।’

- अर्नेस्ट हेमिंग्वे

54

चार्ल्स डिकेंस (1812–1870)

उन्नीसवीं सदी के महानतम ब्रिटिश उपन्यासकार चार्ल्स डिकेंस ने पंद्रह लोकप्रिय उपन्यास लिखे हैं। डिकेंस ने धारावाहिक रूप से अख़बारों में उपन्यास प्रकाशित करने की परंपरा शुरू की, ताकि वे ऐसे लोगों तक पहुँच सकें, जो पुस्तकें नहीं ख़रीद सकते थे।

डिकेंस ने जीवन में बहुत दुख झेले। पारिवारिक ग़रीबी के चलते वे चार साल तक ही पढ़ पाये। उनके पिता क़र्ज़ न चुकाने के कारण जेल में बंद थे, इसलिये बारह वर्षीय चार्ल्स को बूट पॉलिश की फ़ैक्ट्री में काम करना पड़ा। फिर उन्होंने चूहों से भरे एक वेअरहाउस में बोतलों पर लेबल लगाये। फ़ुरसत के क्षणों में पढ़ने की आदत ने उन्हें प्रगति करने के लिये प्रेरित किया। पंद्रह वर्ष की उम्र में वे एक वकील के यहाँ क्लर्क बन गये। उन्होंने शॉर्टहैंड सीखी, ताकि वे पार्लियामेंटरी रिपोर्टर बन सकें। फिर अपनी लेखन प्रतिभा को निखारने के लिये उन्होंने *मॉर्निंग क्रॉनिकल* में रिपोर्टर का काम किया।

अपनी लेखन योग्यता पर उन्हें शुरुआत में इतना कम विश्वास था कि वे अपनी पांडुलिपि डाक के डिब्बे में रात में डालते थे, ताकि कोई उनकी हँसी न उड़ाये। एक के बाद एक कहानी अस्वीकार होती गई। आख़िरकार वह महान दिन आया, जब उनकी एक कहानी स्वीकार कर ली गई। उनकी आँखों में ख़ुशी के आँसू छलक आये। इस कहानी के प्रकाशन के बाद मिली प्रशंसा और सम्मान ने उनकी जिंदगी बदल दी।

1836 में उनका पहला उपन्यास *पिकविक पेपर्स* धारावाहिक रूप से एक अख़बार में प्रकाशित होने लगा। इस अमर हास्य उपन्यास के प्रकाशन के बाद सफलता उनके क़दम चूमने लगी और कुछ समय बाद वे इंग्लैंड के सबसे लोकप्रिय उपन्यासकार बन गये।

'हर आदमी किसी न किसी समय
उत्साहित होता है।
कोई तीस मिनट के लिये
उत्साहित होता है,
तो कोई तीस दिन के लिये;
परंतु ज़िंदगी में वही आदमी
सफल होता है, जो तीस साल तक
उत्साहित रह सके।'

- एडवर्ड बी. बटलर

55

कार्ल मार्क्स (1818–1883)

दुनिया को साम्यवाद का पाठ पढ़ाने वाले कार्ल मार्क्स के विचारों से हम सहमत हों या न हों, यह बात तो तय है कि उनका जीवन संघर्ष की एक महान गाथा है। जब मार्क्स की उम्र छह साल थी, तो उनके पिता ने अपने व्यापारिक लाभ के लिये यहूदी धर्म छोड़कर ईसाई धर्म अपना लिया। इसका मार्क्स के मन पर इतना गहरा प्रभाव पड़ा कि उन्हें धर्म से नफ़रत हो गई। इसीलिये उन्होंने साम्यवादी राज्य में धर्म के लिये कोई जगह नहीं रखी और यह कहा कि 'धर्म जनता के लिए अफ़ीम है।'

उनके उग्र विचारों की वजह से उन्हें कहीं नौकरी नहीं मिली। वे साहित्यिक-सांस्कृतिक पत्रिकाओं में लेख लिखकर अपना गुज़ारा करते थे। उनके उग्र विचारों तथा क्रांतिकारी गतिविधियों के कारण उन्हें जर्मनी, बेल्जियम और फ़्रांस से निर्वासित कर दिया गया।

मार्क्स दिन भर ब्रिटिश म्यूज़ियम के रीडिंग रूम में अपने अमर ग्रंथ *दास कैपिटल* के लिये सामग्री जुटाते थे और रात को घर पर लेखन कार्य करते थे। पैसा मार्क्स के जीवन की सबसे बड़ी समस्या थी, क्योंकि वे 'पैसा कमाने की मशीन' नहीं बनना चाहते थे। इस वजह से उनका परिवार हमेशा आर्थिक संकट का सामना करता रहा। उनके अमीर मित्र एंजेल्स को अक्सर उनकी मदद करना पड़ती थी। क़र्ज़ में डूबे रहना जैसे मार्क्स की नियति थी। मकान किराया न देने के कारण कई मकान मालिकों ने उन्हें घर से निकाल दिया। जब उनके एक वर्षीय पुत्र फ़्रांसिस्का की मृत्यु हुई, तो उनके पास उसके ताबूत तक के पैसे नहीं थे। ग़रीबी और कुपोषण ने उनके स्वास्थ्य पर भी बुरा प्रभाव डाला। उनका लिवर और आँखें उन्हें परेशान करने लगीं। लेकिन तमाम विपत्तियों के बावजूद कार्ल मार्क्स ने *दास कैपिटल* लिखी, जिसका विश्वव्यापी प्रभाव पड़ा।

‘सुख शरीर के लिये
हितकारी है, परंतु आत्मा की
शक्तियों का विकास दुख
में ही होता है।’

- मार्सेल प्राउस्ट

56

फ़्योदोर दोस्तोयवस्की (1821–1881)

क्राइम ऐंड पनिशमेंट और *द ब्रदर्स करमाजोव* जैसे महान उपन्यास लिखने वाले महान रूसी उपन्यासकार फ़्योदोर दोस्तोयवस्की को मिरगी के दौरे पड़ते थे और एक दौरे में उन्होंने अपनी दायीं आँख फोड़ डाली। जब वे 13 वर्ष के थे, तो उनकी माँ की मृत्यु हो गई और जब वे 18 साल के थे, तो नौकरों ने उनके शराबी पिता की हत्या कर दी।

लेखक बनने के लिये दोस्तोयवस्की ने जोखिम लिया और मिलिट्री इंजीनियर की अपनी अच्छी-ख़ासी नौकरी छोड़ दी। उनका पहला उपन्यास *पुअर फ़ोक* लोकप्रिय हुआ। बहरहाल, कुछ साल बाद ही उन पर क्रांतिकारी षड्यंत्र रचने का आरोप लगाकर मृत्युदंड दिया गया। आख़िरी मिनट पर मृत्युदंड के बजाय उन्हें साइबेरिया जाने की सज़ा दी गई। दस साल बाद सेंट पीटर्सबर्ग लौटकर ही उन्होंने दुबारा लिखना शुरू किया। ख़राब स्वास्थ्य, ग़रीबी और कष्टों से भरे जीवन के बाद भी दोस्तोयवस्की ने अमर ग्रंथ लिखे। जेल के अपने जीवन में उन्होंने क़ैदियों को बहुत क़रीब से देखा था, जिसका अमिट वर्णन उनके अमर ग्रंथ *क्राइम ऐंड पनिशमेंट* में मिलता है।

दोस्तोयवस्की दुनिया के महानतम उपन्यासकार भले ही हों, परंतु वे दुनियादार नहीं थे। उन्हें एक उपन्यास की बिक्री के बदले में 1,000 रूबल मिले थे, जो उन्होंने जुए में उड़ा दिये। अगले दिन उन्हें भोजन के लिये पैसे उधार लेना पड़े। एक बार तो क़र्ज़ की वजह से उनके जेल जाने की नौबत आ गई थी, जिससे बचने के लिये उन्होंने सोलह दिनों में *द गैम्बलर* उपन्यास लिखा। मनोवैज्ञानिक उपन्यास के जनक दोस्तोयवस्की अपने पाठकों के हृदय को छूने में इसलिये सफल हुए, क्योंकि उन्होंने जिन अधिकांश कष्टों के बारे में लिखा था, उन्हें उन्होंने ख़ुद अपने जीवन में झेला था।

‘ज़्यादातर लोग बिना जिये
ही मर जाते हैं।
उनके लिये यह सौभाग्य की बात है
कि उन्हें इसका एहसास
ही नहीं होता।’

- हेनरिक इब्सन

57

हेनरिक इब्सन (1828–1906)

घोस्ट्स तथा *ए डॉल्स हाउस* जैसे विचारप्रधान नाटक लिखने वाले नॉर्वे के प्रख्यात नाटककार हेनरिक इब्सन को आधुनिक नाटक का जनक कहा जाता है।

हेनरिक इब्सन का जन्म नॉर्वे के एक व्यापारी के यहाँ हुआ। यह कहा जाता है कि वे अवैध संतान थे। उनका बचपन एकाकीपन में गुज़रा। 16 वर्ष की उम्र में उन्होंने अपना घर छोड़ दिया और एक दवा-विक्रेता के यहाँ एप्रेंटिस बन गये। उन्होंने ख़ाली समय में पढ़ना, कविता लिखना और पेंटिंग करना शुरू कर दिया। कुछ समय बाद वे चिकित्सा का अध्ययन करने के लिये ओस्लो चले गये। नाटककार के रूप में इब्सन का करियर संयोग से शुरू हुआ, जब उनके सामने नॉर्वेजियन थियेटर में स्टेज मैनेजर तथा 'नाटक के लेखक' के काम का प्रस्ताव रखा गया। छह वर्ष तक उन्होंने बहुत ग़रीबी और असफलता का सामना किया, लेकिन इस दौरान उन्होंने नाटक लिखने की कला सीख ली। 1857 से 1862 तक उन्होंने निर्देशक के पद पर काम किया। स्टेज मैनेजर तथा निर्देशक के लंबे अनुभव की वजह से इब्सन रंगमंच की रग-रग से परिचित हो चुके थे, जिससे उन्हें नाटक लिखने में बहुत मदद मिली।

इब्सन मशहूर होना चाहते थे, परंतु उन्हें शोहरत आसानी से नहीं मिली। उनके विचारप्रधान नाटकों में विवाह, धर्म और मानवीय व्यवहार को लेकर जो विद्रोही विचार थे, उन्हें नॉर्वे में समाजविरोधी और अनैतिक माना जाता था। इसी वजह से वे 28 साल तक अपने देश से बाहर जाकर इटली तथा जर्मनी में रहे। 63 साल की उम्र में जब वे आख़िरकार नॉर्वे लौटे, तब तक वे दुनिया भर में मशहूर हो चुके थे।

‘अतीत की ओर देखने पर
मेरा जीवन एक लंबी बाधा
दौड़ की तरह नज़र आता है,
जिसमें सबसे बड़ी बाधा
मैं ख़ुद था।’

- जैक पार

58

लुइस कैरोल (1832–1898)

ऑक्सफ़ोर्ड युनिवर्सिटी में गणित के प्रोफ़ेसर रेवरेंड चार्ल्स एल. डॉजसन ने गणित पर कई पुस्तकें लिखी हैं, परंतु आपने शायद उनका नाम नहीं सुना होगा। लेकिन आपने *एलिस इन वंडरलैंड* के लेखक लुइस कैरोल का नाम ज़रूर सुना होगा, जो डॉजसन का छद्‌म नाम था।

चार्ल्स डॉजसन को छोटी बच्चियों को काल्पनिक कहानियाँ सुनाने में बहुत मज़ा आता था। एक बार दोपहर के समय डॉजसन टेम्स नदी में तीन छोटी बच्चियों को नाव की सैर कराने ले गये और उन्हें एक काल्पनिक कहानी सुनाने लगे। यह कहानी एक छोटी बच्ची के बारे में थी, जो नींद में जादुई संसार में पहुँच गई थी। बच्चियों को यह कहानी इतनी पसंद आई कि उन्होंने प्रोफ़ेसर डॉजसन से इसे लिखने का अनुरोध किया। वे बच्चियों का दिल नहीं तोड़ना चाहते थे, इसलिये उन्होंने पूरी रात बैठकर वह कहानी लिखी। डॉजसन ने कहानी लिख तो ली, परंतु उन्होंने उसे ज़्यादा महत्त्व नहीं दिया और एक तरफ़ रख दिया।

बरसों बाद उनके एक मित्र को *एलिस इन वंडरलैंड* की पांडुलिपि दिखी। उसने इसकी धूल झाड़ी, इसे पढ़ा और पढ़ता ही चला गया। इस कहानी से वह इतना प्रभावित हुआ कि उसने इसे प्रकाशित करने का सुझाव दिया। यह सुनते ही प्रोफ़ेसर डॉजसन दहशत में आ गये। वे दुनिया को यह मालूम नहीं होने देना चाहते थे कि ऑक्सफ़ोर्ड युनिवर्सिटी में गणित का प्रोफ़ेसर बच्चों की मूर्खतापूर्ण कहानियाँ लिखता है। उन्हें डर था कि इससे उनका सम्मान कम हो जायेगा। इसलिये उन्होंने *एलिस इन वंडरलैंड* को लुइस कैरोल के छद्‌म नाम से प्रकाशित करवाया। मज़ेदार बात यह है कि जब यह पुस्तक हाथोंहाथ बिकने लगी और बेस्टसेलर बन गई, तो सबसे अधिक हैरानी इसके लेखक को ही हुई।

‘एक ऐसी चीज़ है
जो योग्यता से भी कम है,
उससे भी ज़्यादा दुर्लभ है।
और वह है योग्यता को
पहचानने की योग्यता।’

- रॉबर्ट हाफ़

59

लुइसा एम. एल्कॉट (1832–1888)

प्रख्यात अमेरिकी लेखिका लुइसा एम. एल्कॉट ने 150 से अधिक कहानियाँ और कई प्रसिद्ध उपन्यास लिखे हैं।

एल्कॉट ने पैसे कमाने के लिये लिखना शुरू किया, क्योंकि उन्हें अपनी बीमार माँ और छोटी बहनों को सहारा देना था। जब उन्होंने संपादकों को अपनी कहानियाँ भेजना शुरू कीं, तो उनकी हर कहानी 'ख़ेद सहित' वापस लौट आती थी। एक संपादक ने तो उनसे साफ़ कह दिया कि वे कभी लोकप्रिय साहित्य नहीं लिख सकतीं। उसने उन्हें यह सलाह भी दी कि वे अपनी साहित्यिक महत्वाकांक्षायें त्याग दें और ख़ुद को सिलाई-कढ़ाई तक ही सीमित रखें। बहरहाल, एल्कॉट ने हिम्मत नहीं हारी। वे कहानियाँ लिखती रहीं, भेजती रहीं और फिर उनकी कहानियाँ प्रकाशित भी होने लगीं। 1869 में प्रकाशित उनका उपन्यास *लिटल विमेन* इतना लोकप्रिय हुआ कि उसके बाद एल्कॉट ने कभी पीछे मुड़कर नहीं देखा।

इस उपन्यास के पीछे भी एक रोचक कहानी है। बचपन से ही एल्कॉट टॉमबॉय थीं। उन्हें लड़कियों में कोई रुचि नहीं थी और वे लड़कियों की कहानी नहीं लिखना चाहती थीं, जबकि प्रकाशक उनसे लड़कियों की कहानी ही लिखवाना चाहते थे। यह कहा जाता है कि जब तक लेखक को कहानी में मज़ा न आये, तब तक पढ़ने वालों को भी मज़ा नहीं आता। बहरहाल, इस मामले में ऐसा नहीं हुआ। उन्हें यह उपन्यास लिखते समय इतनी कोफ़्त होती थी कि वे अक्सर काग़ज़-क़लम फेंक देती थीं और अपने कुत्ते के साथ जंगल में चली जाती थीं। उन्हें *लिटल विमेन* के असफल होने की पूरी उम्मीद थी, परंतु वे यह देखकर हैरान हो गईं कि यह पुस्तक तत्काल बेस्टसेलर बन गई और लड़कियों की सबसे पसंदीदा पुस्तकों में गिनी जाने लगी।

'अपनी युवावस्था में
मैंने देखा कि मेरे दस में से
नौ काम असफल होते थे।
मैं नहीं चाहता था
कि मेरा जीवन असफल हो,
इसलिये मैंने दस गुना
अधिक काम किया।'

- जॉर्ज बर्नार्ड शॉ

60

जॉर्ज बर्नार्ड शॉ (1856–1950)

प्रख्यात नाटककार जॉर्ज बर्नार्ड शॉ को शेक्सपियर के बाद इंग्लैंड का महानतम नाटककार माना जाता है। उन्हें 1925 में साहित्य का नोबेल पुरस्कार मिला। उन्होंने पुरस्कार तो स्वीकार कर लिया, परंतु इसकी धनराशि स्वीडिश साहित्य के अँग्रेज़ी में अनुवाद के लिये दान में दे दी।

उनका बचपन बहुत सुखद नहीं था। उनके पिता एक असफल व्यापारी थे, इसलिये उनका परिवार हमेशा आर्थिक तंगी का शिकार रहा। उनकी माँ ट्यूशन करके घर ख़र्च चलाती थीं। घर की स्थिति को देखते हुए शॉ को 16 साल की उम्र में क्लर्क का काम करना पड़ा। इसके बाद दस साल तक शॉ ग़रीबी और कुंठा झेलते रहे। न तो उन्हें कोई स्थायी नौकरी मिली, न ही लेखन में सफलता। 1879 से 1883 के बीच शॉ ने पाँच उपन्यास लिखे, परंतु उनमें से सिर्फ़ दो ही प्रकाशित हुए और वे भी लोकप्रिय नहीं हुए।

उपन्यास से निराश होकर शॉ नाटक लिखने लगे। यहाँ भी उन्हें शुरुआती असफलता का सामना करना पड़ा। पहले सात नाटक सफल नहीं हुए। परंतु एक बार जब उन्हें सफलता मिली, तो फिर मिलती ही चली गई। पचास नाटक लिखने वाले शॉ ने अपना लेखन सुनियोजित तरीक़े से किया। उन्होंने शुरुआत में ही अनुशासन और मेहनत का सबक़ सीख लिया था। वे नाटक लिखने के लिये प्रेरणा के आने का इंतज़ार नहीं करते थे। इसके बजाय उन्होंने हर दिन कम से कम पाँच पेज लिखने का संकल्प कर लिया था। इसी वजह से वे नौ साल तक हर दिन लिखते रहे, हालाँकि इसके बदले में उन्हें सिर्फ़ तीस डॉलर की आमदनी हुई, यानी हर दिन की मेहनत के बदले में सिर्फ़ एक पेनी। बहरहाल, लगन से काम करने की इसी आदत ने उन्हें अंततः सफलता दिलाई।

'मुश्किलें वे औज़ार हैं,
जिनसे ईश्वर हमें बेहतर
कामों के लिये तैयार करता है।'

- एच.डब्ल्यू. बीचर

61

ओ. हेनरी (1862–1910)

विश्व के महानतम कहानी लेखकों में से एक ओ. हेनरी (सिडनी पोर्टर) का जीवन मुश्किल परिस्थितियों और अप्रत्याशित चुनौतियों के बावजूद सफलता पाने का प्रेरक उदाहरण है।

रोचक तथ्य यह है कि जिस आदमी की शिक्षा बहुत कम थी और जो कभी हाई स्कूल में नहीं पढ़ा, आज उसकी लिखी कहानियाँ दुनिया भर के स्कूल-कॉलेजों में पढ़ायी जाती हैं। 15 साल की उम्र में ओ. हेनरी अपने अंकल के ड्रगस्टोर में काम करने लगे। कुछ साल बाद वे टेक्सास चले गये, जहाँ उन्होंने दस साल तक बैंक कैशियर का काम किया। 1896 में ओ. हेनरी पर बैंक में गबन का आरोप लगाया गया। धनराशि छोटी थी और यह अकाउंटिंग की त्रुटि हो सकती थी। बहरहाल, ओ. हेनरी मुकदमे का सामना करने के बजाय डरकर होंडूरास भाग गये। वहाँ जब उन्हें यह पता चला कि उनकी पत्नी गंभीर रूप से बीमार है, तो वे 1897 में टेक्सास लौटे और पत्नी के देहांत के बाद ख़ुद को पुलिस के हवाले कर दिया।

उन्हें पाँच साल की सज़ा सुनाई गई। कोलंबस, ओहियो की जेल की कालकोठरी उनके लिये अभिशाप के बजाय वरदान साबित हुई। यहीं पर उनके मन में कहानियाँ लिखने का विचार आया और जेल में ही उन्होंने अपनी अमर कहानियाँ लिखनी शुरू कीं। अगर उन्हें जेल में बंद नहीं किया जाता, तो शायद वे कभी कहानियाँ नहीं लिखते। तीन साल बाद जेल से निकलने के बाद वे न्यू यॉर्क शहर में रहने लगे और उन्होंने लेखन को पूर्णकालिक व्यवसाय बना लिया। अपने जीवन के अंतिम दस वर्षों में ओ. हेनरी ने 500 से अधिक कहानियाँ लिखीं। उनके जीवन से हमें यह सबक़ मिलता है कि कई बार विपत्तियाँ हमारी प्रगति में बाधक नहीं, बल्कि सहायक होती हैं, बशर्ते हम उनका रचनात्मक प्रयोग करें।

'शिक्षा की जड़ें कड़वी हैं,
परंतु इसके फल मीठे हैं।'

- अरस्तू

62

एच. जी. वेल्स (1866–1946)

टाइम मशीन और *इनविजिबल मैन* जैसे 80 से अधिक लोकप्रिय उपन्यासों के लेखक एच. जी. वेल्स ने सफलता पाने के लिये जीवन में बहुत संघर्ष किया। उन्होंने वस्त्र-व्यवसायी के एप्रेन्टिस, बुककीपर, क्लर्क, शिक्षक और पत्रकार के रूप में काम किया।

बचपन में पैर टूटने के कारण वे एक साल तक बिस्तर पर पड़े रहे। इस दौरान उन्होंने ढेरों पुस्तकें पढ़ीं और साहित्य के प्रति उनकी रुचि जाग्रत हुई। अपनी क़लम के दम पर दस लाख डॉलर से भी अधिक कमाने वाले वेल्स बहुत ग़रीब परिवार में पैदा हुए थे। 13 साल की उम्र में वे ड्राइ गुड्स स्टोर में नौकरी करने लगे। वे सुबह पाँच बजे उठकर स्टोर में झाड़ू लगाते थे और दिन में 14 घंटे काम करते थे। दो साल बाद वे जीवन से पूरी तरह निराश हो गये। एक रविवार की सुबह वे पंद्रह मील पैदल चलकर अपनी माँ के पास आये और बोले कि अब अगर वे उस दुकान पर काम करने गये, तो आत्महत्या कर लेंगे। सौभाग्य से इसी समय उन्हें शिक्षक की नौकरी मिल गई।

कुछ साल तक शिक्षक के पद पर काम करने के बाद वे एक दुर्घटना के शिकार हो गये। फ़ुटबॉल खेलने के दौरान वे गिर गये और उनके ऊपर एक खिलाड़ी चढ़ गया। इस दुर्घटना में उनकी एक किडनी और दायाँ फेफड़ा ख़राब हो गया। बारह साल तक वे बीमारों की जिंदगी जिये। परंतु उन्होंने इस विपत्ति को भी वरदान बना लिया, क्योंकि इसी दौरान उन्होंने वह लेखन योग्यता विकसित की, जिसने उनका नाम अमर कर दिया। चूँकि बीमारी के कारण वे कुछ और नहीं कर सकते थे, इसलिये उन्होंने तूफ़ानी गति से लिखा और सफलता का इतिहास रच दिया।

‘जब काम में आनंद आता है,
तो जीवन सुखद हो जाता है;
परंतु जब काम सिर्फ़ कर्तव्य हो,
तो जीवन गुलामी का होता है।’

- मैक्सिम गोर्की

63

मैक्सिम गोर्की (1868–1936)

महान सोवियत उपन्यासकार, नाटककार और लेखक मैक्सिम गोर्की का उपन्यास *मदर* तथा नाटक *द लोअर डेप्थ्स* विशेष लोकप्रिय हैं। हालाँकि उन्हें मुख्य रूप से लेखक के रूप में जाना जाता है, परंतु उन्होंने रूसी क्रांतिकारी आंदोलन में भी महत्त्वपूर्ण भूमिका निभाई।

उनका जन्म एक किसान परिवार में हुआ। उन्होंने अपनी शिक्षा किसी स्कूल में ग्रहण नहीं की, बल्कि ख़ुद पढ़कर सीखा। नौ साल की उम्र में वे एक घर में नौकर का काम करने लगे। कई वर्षों तक गोर्की ने नौकर के रूप में ज़िंदगी गुजारी। अपनी युवावस्था में गोर्की ग़रीबी और एकाकीपन से इतने परेशान हो गये कि उन्होंने आत्महत्या करने की कोशिश की। लेकिन गोली दिल पर लगने के बजाय फेफड़े में घुस गई और वे बच गये। आत्महत्या का यह प्रयास गोर्की को जीवन भर परेशान करता रहा, क्योंकि इसकी वजह से उन्हें टी.बी. हो गई और उनका स्वास्थ्य कभी अच्छा नहीं रहा।

1896 में गोर्की एक अख़बार के लिये काम करने लगे। 1898 में प्रकाशित उनकी पहली पुस्तक *स्केचेस ऐंड स्टोरीज* ने गोर्की को पूरे रूस में लोकप्रिय बना दिया। गोर्की पहले रूसी लेखक थे, जिन्होंने मजदूरों तथा अपराधियों के जीवन और जुझारूपन का सहानुभूतिपूर्ण तथा यथार्थवादी चित्रण किया था। वे समाज के निचले तबके की पीड़ा का सजीव चित्रण इसलिये कर सके, क्योंकि उन्होंने उसे स्वयं भोगा था।

1906 में गोर्की को उनकी क्रांतिकारी गतिविधियों के कारण निर्वासित कर दिया गया। बरसों तक वे अपने ख़राब स्वास्थ्य की वजह से इटली में रहे। 1928 में रूस लौटने पर उनका भव्य स्वागत किया गया।

'विपत्ति और दुख के अनुभव
से ही आत्मा सशक्त बनती है,
सपना स्पष्ट होता है,
महत्त्वाकांक्षा प्रेरित होती है
और सफलता मिलती है।'

\- हेलन केलर

64

मैरी रॉबर्ट्र्स राइनहार्ट (1876–1958)

मैरी रॉबर्ट्र्स राइनहार्ट अपने जासूसी उपन्यासों के लिये विख्यात हैं, जिनमें अक्सर एक बुद्धिमान हीरोइन अपराध के रहस्य को सुलझाती है। इस लोकप्रिय कथानक पर उन्होंने कई उपन्यास लिखे। इसके अलावा उन्होंने हास्य-लेख व रोमांटिक कहानियाँ भी लिखीं। 1920 में उन्होंने नाटककार जेम्स एवरी हॉपवुड के साथ एक नाटक *द बैट* लिखा, जो राइनहार्ट के उपन्यास *द सर्कुलर स्टेयरकेस* पर आधारित था।

अपने लंबे साहित्यिक करियर में उन्होंने 50 से अधिक उपन्यास लिखे। उस समय वे अमेरिका की सर्वाधिक आमदनी वाली लेखिका थीं। रोचक तथ्य यह है कि उन्होंने मजबूरी में लेखन को अपना करियर बनाया। अगर उनके जीवन में अचानक आर्थिक संकट नहीं आया होता, तो शायद उन्होंने कभी उपन्यास नहीं लिखे होते।

राइनहार्ट की लेखन में तो रुचि थी, परंतु शादी के बाद वे घर-गृहस्थी में इतनी बुरी तरह उलझ गईं कि उन्हें इस बारे में सोचने की भी फुरसत नहीं थी। वे अपने तीन छोटे बेटों तथा बीमार माँ की देखभाल में व्यस्त रहती थीं। तभी उनके दरवाज़े पर विपत्ति ने दस्तक दी। एक आर्थिक झटके में उनके पति की सारी संपत्ति चली गई और परिवार क़र्ज़ में डूब गया। राइनहार्ट के मन में यह विचार आया कि क्यों न परिवार की आर्थिक स्थिति सुधारने के लिये वे लिखना शुरू करें। उन्होंने दिन में लिखने का टाइमटेबल बनाया। इसके अलावा जब रात को बच्चे सो जाते थे या उनके पति मरीजों को देखने के लिये बाहर जाते थे, तब भी वे लिखा करती थीं। अपने जीवन में आई विपत्ति की वजह से ही मैरी रॉबर्ट्र्स राइनहार्ट इतनी सफल लेखिका बन सकीं।

‘असंतोष किसी मनुष्य या
राष्ट्र की प्रगति में पहला क़दम है।’

\- ऑस्कर वाइल्ड

65

अपटॉन सिंक्लेयर (1878–1968)

पुलित्जर पुरस्कार विजेता प्रख्यात अमेरिकी लेखक और समाज-सुधारक अपटॉन सिंक्लेयर ने 90 पुस्तकें लिखीं, जिनकी लाखों प्रतियाँ बिक चुकी हैं। अपने विचारप्रधान उपन्यासों में उन्होंने अमेरिका की आर्थिक और राजनीतिक बुराइयों पर प्रहार किया। उनकी पुस्तकों का 44 से अधिक भाषाओं में अनुवाद हो चुका है।

सिंक्लेयर को सफलता पाने के लिये मुश्किल परिस्थितियों से संघर्ष करना पड़ा। उनके पिता व्हिस्की के सेल्समैन थे और शराबी भी थे। वे इतने ग़रीब थे कि अपने घर का किराया तक नहीं चुका पाते थे और कई बार तो पूरे परिवार को भूखा रहना पड़ता था। दस साल की उम्र तक अपटॉन स्कूल नहीं जा पाये, परंतु उन्होंने घर पर ही डिकेंस और थेकरे के सभी उपन्यासों के साथ-साथ एनसाइक्लोपीडिया भी पढ़ डाला।

कॉलेज में पहुँचने के बाद उन्होंने अपना तथा अपनी माँ का पेट भरने के लिये सस्ती पत्रिकाओं के लिये उपन्यास लिखे। वे हर रात आठ हज़ार शब्द लिखते थे, यानी हर महीने दो उपन्यास। यह कर्मठता का उत्कृष्ट उदाहरण था, क्योंकि इस दौरान वे हर दिन आठ घंटे पढ़ाई भी कर रहे थे।

कॉलेज से निकलने के बाद अपटॉन सिंक्लेयर ने विचारप्रधान उपन्यास लिखने का निर्णय लिया। उनके मन में ग़रीबी और अन्याय को ख़त्म करने की आग थी। दुनिया को बदलकर रख देने के इरादे से उन्होंने पाँच साल में पाँच उपन्यास लिखे। बहरहाल, बदले में उन्हें सिर्फ़ 1,000 डॉलर मिले, यानी दो सौ डॉलर प्रति वर्ष। आख़िरकार, उन्हें अपने छठे उपन्यास *द जंगल* से राष्ट्रीय लोकप्रियता मिली। इसे बेचने से तीस हज़ार डॉलर की आमदनी हुई, जिसे उन्होंने सामाजिक कल्याण के लिये दान कर दिया।

'शब्दों से हम मनुष्यों पर
शासन करते हैं।'

- बेंजामिन डिजराइली

66

डेल कारनेगी (1888–1955)

हाउ टु विन फ़्रैंड्स ऐंड इन्फ़्लुएन्स पीपुल तथा *हाउ टु स्टॉप वरीइंग ऐंड स्टार्ट लिविंग* जैसी अमर पुस्तकों के लेखक डेल कारनेगी ने अमेरिका को सार्वजनिक संभाषण और लोक व्यवहार की कला सिखाई। उन्होंने यह साबित किया कि जीवन में सफल होने के लिये बोलने की कला योग्यता या क्षमता से अधिक महत्त्वपूर्ण है।

डेल कारनेगी ने अपने जीवन में बहुत मुसीबतें झेलीं। वे गाँव के एक ग़रीब परिवार में पैदा हुए थे और बचपन से ही काम करने लगे थे। उन्होंने पाँच सेंट प्रति घंटे के हिसाब से स्ट्रॉबेरी चुनी और पश्चिमी साउथ डकोटा में ढोर चराये। कॉलेज जाने से पहले वे सुबह घर पर गायों का दूध निकालते थे, लकड़ी काटते थे, सुअरों को भोजन देते थे। रात को वे चिमनी की रोशनी में तब तक पढ़ते थे, जब तक कि उनकी आँखों के सामने अँधेरा नहीं छाने लगता था। सार्वजनिक संभाषण के इस अंतर्राष्ट्रीय विशेषज्ञ ने जब पहलेपहल अपने सहपाठियों के सामने भाषण देने की कोशिश की, तो वे छह बार असफल हुए।

फिर वे सेल्स लाइन में गये। पहले तो उन्होंने आर्मर ऐंड कंपनी के लिये साबुन बेचे। फिर वे ट्रक बेचने लगे। इसके बाद उन्होंने कहानियाँ और उपन्यास लिखने में कई साल लगाये, परंतु वहाँ भी असफल हुए। अपनी असफलताओं के बावजूद कारनेगी ने हिम्मत नहीं हारी। उन्होंने सार्वजनिक संभाषण का कोर्स शुरू किया, जो बहुत सफल हुआ। बाद में उन्होंने इसी विषय पर पुस्तकें भी लिखीं, जो बेस्टसेलर बनीं। 1955 में उनकी मृत्यु हो गई, परंतु आज भी उनका कोर्स और उनकी पुस्तकें दुनिया के करोड़ों लोगों को लाभ पहुँचा रही हैं।

*‘हममें से हर एक के दिमाग़ में
करोड़ों डॉलर के विचार भरे हुए हैं।
समस्या यह है कि ज़्यादातर लोग
यह नहीं जानते कि उस विचार को
करोड़ों डॉलर में कैसे बदला जाये।’*

- रॉबर्ट कियोसाकी

67

स्टीफ़न किंग (जन्म : 1947)

ख़ौफ़नाक उपन्यासों (हॉरर) के बेताज बादशाह स्टीफ़न किंग की ढाई करोड़ से अधिक पुस्तकें बिक चुकी हैं। वे पहले लेखक थे, जिनकी तीन पुस्तकें एक साथ *न्यू यॉर्क टाइम्स* की बेस्टसेलर लिस्ट में थीं। चालीस साल की उम्र में वे हर साल एक करोड़ डॉलर कमा रहे थे, परंतु यह सफलता मिलने से पहले किंग ने अपने जीवन में बहुत दुख झेले।

मकान किराये के पैसे न होने के कारण वे अपने ट्रेलर में रहते थे। वे अपनी कार की रिपेयरिंग तक नहीं करवा सकते थे। बिल न चुकाने के कारण फ़ोन कंपनी उनका फ़ोन काटकर ले गई।

आख़िरकार किंग के मन में सिंड्रेला की तर्ज पर अलौकिक शक्तियों वाली एक लड़की की कहानी लिखने का विचार आया। लेकिन कुछ पेज लिखने के बाद उन्हें लगा कि इस तरह का उपन्यास लोकप्रिय नहीं होगा और उन्होंने उसे रद्दी की टोकरी में डाल दिया। उनकी पत्नी ने उन काग़ज़ों को रद्दी की टोकरी में से निकाला और अपने पति को प्रोत्साहित किया कि वे कहानी पूरी लिखें। किंग ने उपन्यास को पूरा तो किया, परंतु वे बोले, 'यह दुनिया का सबसे घटिया उपन्यास होगा।' अपने पिछले उपन्यासों की तरह उन्होंने इसे भी डबलडे प्रकाशन समूह में भिजवा दिया। हालाँकि उन्हें बिलकुल उम्मीद नहीं थी कि यह छप भी सकता है।

1973 में डबलडे ने *कैरी* नामक यह उपन्यास छापा और किंग को 400 डॉलर दिये। छह महीने बाद किंग का सितारा चमका, जब इस उपन्यास को एक पेपरबैक प्रकाशक ने दो लाख डॉलर में ख़रीद लिया। यह उस व्यक्ति की सफलता की कहानी है, जिसने ग़रीबी और मुश्किल परिस्थितियों के सामने हार नहीं मानी। और उस पत्नी की भी, जिसने मुश्किल समय में अपने पति का हौसला बढ़ाया।

'जो भी इंसान नहाता है,
उसके मन में एक न
एक विचार ज़रूर आता है।
परंतु वही व्यक्ति कुछ कर पाता है
जो नहाकर निकलता है,
शरीर पोंछता है और
उस विचार के बारे में कुछ करता है।'

- नॉर्मन बुशनेल

68

जे.के. रोलिंग (जन्म : 1965)

आज जे. के. रोलिंग ब्रिटेन की महारानी से भी ज़्यादा अमीर हैं, परंतु हैरी पॉटर के कारनामों की पहली पुस्तक लिखते समय वे बहुत ग़रीब थीं। उन्होंने अपना पहला उपन्यास ग़रीबी के दमघोंटू माहौल में लिखा। उनके पास नौकरी नहीं थी। वे सरकारी गुज़ारा भत्ते पर रह रही थीं। कई बार तो उन्हें भूखे पेट सोना पड़ता था। पैसे की तंगी के चलते उन्होंने अपना पहला उपन्यास रद्दी काग़ज़ों की कतरनों पर लिखा।

उनके जीवन में दुख ही दुख थे। न पति, न नौकरी, साथ में छोटी सी बच्ची और गुज़ारा भत्ते पर रहने के कारण लोगों से मिल रहा अपमानजनक व्यवहार। परंतु वे परिस्थितियों से संघर्ष करती रहीं। उनके मन में हैरी पॉटर की पुस्तक को छपवाने का सपना था। कई सालों की कड़ी मेहनत के बाद उन्होंने *हैरी पॉटर ऐंड द फ़िलॉसफ़र्स स्टोन* पूरी कर ली। वे इसे लेकर लिटरेरी एजेंटों के पास गईं, परंतु ज़्यादातर ने कहा कि इसमें दम नहीं है। आख़िरकार क्रिस्टोफर लिटिल नामक एजेंट ने रोलिंग को आश्वासन दिया कि वे इसके बारे में प्रकाशकों से बात करेंगे।

बहरहाल, संघर्ष अभी बाक़ी था। बहुत से प्रकाशकों ने इसे छापने से मना कर दिया। कोई भी प्रकाशक एक नई लेखिका के पहले उपन्यास को छापने को तैयार नहीं था, क्योंकि इसमें एक जादूगर बच्चे की कहानी थी। आज निश्चित रूप से वे प्रकाशक अपनी अदूरदर्शिता पर पछता रहे होंगे। आख़िरकार काफ़ी संघर्ष के बाद ब्लूम्सबरी प्रकाशन ने उनकी पुस्तक दो हज़ार पौंड में ख़रीद लीं। बाक़ी सब इतिहास है। अमेरिका में इसी पुस्तक के अधिकारों के लिये रोलिंग को एक लाख डॉलर मिले और इसके फ़िल्म अधिकारों के लिये उन्हें मुँहमाँगी रक़म मिली। यह सब इसलिये हुआ, क्योंकि जे.के. रोलिंग ने कठिनाइयों से हार नहीं मानी। उन्होंने संघर्ष किया और चुनौतियों का सामना करते हुए सफलता हासिल की।

राजनेता

'जो व्यक्ति बहाने बनाने में निपुण होता है, वह अक्सर किसी दूसरे काम में निपुण नहीं होता।'

- बेंजामिन फ्रैंकलिन

69

बेंजामिन फ़्रैंकलिन (1706–1790)

बहुमुखी प्रतिभा के धनी बेंजामिन फ़्रैंकलिन प्रख्यात राजनेता, दार्शनिक, लेखक और वैज्ञानिक थे, जिन्होंने अमेरिकी क्रांति में महत्त्वपूर्ण योगदान दिया। उन्होंने अमेरिका का पहला सार्वजनिक पुस्तकालय स्थापित किया और समाज सुधार के बहुत से काम किये।

फ़्रैंकलिन ग़रीब माता-पिता के पंद्रहवें बच्चे थे। आठ साल की उम्र में वे स्कूल गये, परंतु पैसों की कमी के चलते दो साल बाद ही घर लौट आये। फिर उन्होंने अपने पिता के साबुन उबालने तथा मोमबत्ती बनाने के बिज़नेस में मदद की, लेकिन साबुन बनाने में बेंजामिन का मन नहीं लगा।

चूँकि बेंजामिन पुस्तकों से प्रेम करते थे और हमेशा पढ़ते रहते थे, इसलिये उनके पिता ने उन्हें पुस्तकों से जुड़े व्यवसाय में भेजने का निर्णय लिया। बारह साल की उम्र में बेंजामिन अपने भाई जेम्स के साथ प्रिंटिंग का काम सीखने लगे। तीन साल बाद जब उनके भाई ने एक अख़बार शुरू किया, तो बेंजामिन दिन में अख़बार बाँटते थे और रात को इसके लिये लेख लिखते थे। सत्रह वर्ष की उम्र में भाई से झगड़ा होने के बाद ग़रीब, थके तथा भूखे बेंजामिन फ़िलाडेल्फ़िया पहुँच गये। वहाँ पर प्रिंटिंग का काम करते हुए 1733 में उन्होंने रिचर्ड सान्डर्स के छद्म नाम से *पुअर रिचड्र्स अल्मानाक* नामक पुस्तक लिखी। इस पुस्तक ने उन्हें दौलत और शोहरत दिलाई। यहीं से फ़्रैंकलिन का समाज सुधार और राजनीति का सफल करियर शुरू हुआ।

विज्ञान में उनकी गहरी रुचि थी। विद्युत संबंधी प्रयोग करते समय एक बार उन्होंने मूसलाधार बारिश में धातु की पतंग उड़ाकर यह साबित किया कि दो तरह की विद्युत धारायें होती हैं, एक पॉजिटिव और दूसरी निगेटिव। उन्होंने तड़ित चालक की उपयोगी खोज भी की। देशभक्ति के कारण वे राजनीति में गये और उन्होंने संविधान लिखने में महत्त्वपूर्ण भूमिका निभाई।

*'यह मत पूछिये कि आपका देश
आपके लिये क्या कर सकता है;
यह पूछिये कि आप अपने देश के लिये
क्या कर सकते हैं।'*

- जॉन एफ़. कैनेडी

70

जॉर्ज वॉशिंगटन (1732–1799)

अमेरिका के पहले राष्ट्रपति जॉर्ज वॉशिंगटन सच्चे मायनों में 'राष्ट्रपिता' थे। उन्होंने न सिर्फ़ सेनापति के रूप में ब्रिटिश सेना को युद्ध में हराया, बल्कि उन्होंने बाद में अमेरिका के सभी राज्यों का एकता के सूत्र में भी बाँधा।

युद्ध के अनुभव की वजह से उन्हें अमेरिकी सेना का सेनापति बनाया गया। बहरहाल, उन्हें जो सैनिक मिले थे, उनके पास न तो लड़ने का अनुभव था, न ही पर्याप्त हथियार। सैनिकों को तनख़्वाह भी कम मिलती थी और उनके भोजन का ठिकाना नहीं था। स्वयं वॉशिंगटन ने कहा था, 'हम घास को छोड़कर हर तरह का घोड़ों का भोजन खाते हैं।' जॉर्ज वॉशिंगटन की प्रेरणा, अनुशासन और नेतृत्व की वजह से ही यह अनुभवहीन सेना आठ साल तक शक्तिशाली अँग्रेज़ सेना से संघर्ष कर सकी और अंततः उसे हराने में सफल हुई।

इस जीत के बाद वॉशिंगटन अमेरिका के सबसे लोकप्रिय व्यक्ति बन गये। जब राष्ट्रपति पद के लिये उनके नाम का प्रस्ताव रखा गया, तो उन्होंने अपनी अनिच्छा जाहिर की। इस पर उनके मित्रों ने उन्हें बताया कि अगर वे राष्ट्रपति नहीं बनेंगे, तो सभी 13 अमेरिकी कॉलोनियाँ संघ में शामिल नहीं होंगी और उत्तरी तथा दक्षिणी प्रांतों में युद्ध छिड़ जायेगा। तब कहीं जाकर वे राष्ट्रपति बनने के लिये तैयार हुए।

यह एक रोचक तथ्य है कि राष्ट्रपति पद के लिये जब जॉर्ज वॉशिंगटन का चुना जाना तय हो गया, उसके बाद न्यू यॉर्क सिटी आने के लिये उन्हें अपने अमीर पड़ोसी से 600 डॉलर का क़र्ज़ लेना पड़ा। ऐसा इसलिये हुआ, क्योंकि उन्होंने अपनी सारी दौलत अमेरिका के स्वाधीनता संग्राम में लगा दी थी।

'हमारी महानतम सफलता
कभी न गिरने में नहीं है,
बल्कि गिरने के बाद हर बार
उठ खड़े होने में है।'

- कन्फ़्यूशियस

71

अब्राहम लिंकन (1809–1865)

अमेरिका के सोलहवें राष्ट्रपति अब्राहम लिंकन विश्व के सर्वाधिक लोकप्रिय नेताओं में गिने जाते हैं। उन्होंने अमेरिका को दासप्रथा से मुक्त किया और देश को विघटन से बचाया।

अब्राहम लिंकन एक ग़रीब घर में पैदा हुए। बाद में वे लकड़हारे, सर्वेयर, गाँव के पोस्टमास्टर, विधायक, वकील, संसद सदस्य और अंततः राष्ट्रपति बने। उनके पिता पढ़ाई-लिखाई से चिढ़ते थे, परंतु लिंकन की सौतेली माँ ने उनके स्कूल जाने पर ज़ोर दिया। लिंकन और उनकी सौतेली माँ के बीच प्रेम हमेशा बना रहा। उन्होंने ही लिंकन को पुस्तकें पढ़ने तथा जीवन में आगे बढ़ने के लिये प्रेरित किया। जब लिंकन पोस्टमास्टर बने, तो वे अख़बारों को ग्राहकों तक पहुँचाने से पहले ख़ुद पूरा पढ़ लिया करते थे।

उनका जीवन संघर्ष की एक लंबी दास्तान था। उन्होंने 22 वर्ष की उम्र में एक बिज़नेस शुरू किया, जो चौपट हो गया। 23 वर्ष की उम्र में वे चुनाव लड़े, परंतु उसमें हार गये। 24 वर्ष की उम्र में उन्होंने एक और बिज़नेस शुरू किया, जिसमें वे दिवालिया हो गये। 26 वर्ष की उम्र में उन्हें अपनी प्रेमिका की मृत्यु का गहरा आघात सहना पड़ा। 27 वर्ष की उम्र में वे नर्वस ब्रेकडाउन का शिकार हुए। 29 वर्ष की उम्र में वे स्पीकर का चुनाव हारे, 31 वर्ष की उम्र में इलेक्टर का चुनाव हारे, 34 और 39 वर्ष की उम्र में विधानसभा का चुनाव हारे, 46 साल की उम्र में सीनेट का चुनाव हारे, 47 साल की उम्र में उपराष्ट्रपति का चुनाव हारे, 49 साल की उम्र में सीनेट का चुनाव एक बार फिर हारे, परंतु इतनी सारी असफलताओं के बाद भी उन्होंने हिम्मत नहीं हारी और अंततः 51 साल की उम्र में वे अमेरिका के राष्ट्रपति बन गये। उनके जीवन से हमें यह शिक्षा मिलती है कि लगन, हौसला और इच्छाशक्ति हो, तो इंसान तमाम असफलताओं के बाद भी जीत सकता है।

‘आदमी की सबसे बड़ी दौलत
उसकी ज़िंदगी होती है।
उसे अपनी ज़िंदगी
इस तरह जीना चाहिये,
ताकि बाद में उसे
यह सोचकर पछताना न पड़े
कि उसने अपनी ज़िंदगी के क़ीमती
साल यों ही गुज़ार दिये हैं।’

\- निकोलाई ऑस्त्रोवस्की

72

लेनिन (1870–1924)

रूस की क्रांति के बाद लेनिन रूस के प्रथम शासक बने और उन्होंने साम्यवादी राज्य की मार्क्सवादी कल्पना को साकार किया।

बचपन से ही लेनिन गंभीर और विचारशील थे। खेलों में उनकी रुचि नहीं थी और वे दूसरे बच्चों के साथ बहुत कम खेलते थे। वयस्क जीवन में उनकी संगीत, कविता या धर्म में कतई दिलचस्पी नहीं थी। शायद कम रुचियों की वजह से ही लेनिन महान बने, क्योंकि उनकी ऊर्जा का अपव्यय नहीं हुआ और वे अपने लक्ष्य का एकाग्रता से पीछा कर पाये।

1887 में लेनिन के बड़े भाई को सम्राट की हत्या का षड्यंत्र रचने के आरोप में मृत्युदंड दिया गया। उसी साल लेनिन को एक छात्र आंदोलन में शामिल होने के कारण विश्वविद्यालय से निकाल दिया गया। लेनिन ने घर पर वकालत का अध्ययन किया और कार्ल मार्क्स की *दास कैपिटल* का भी, जिससे वे बहुत प्रभावित हुए।

क्रांति के बाद 1917 में लेनिन रूस के शासक बन गये। शासक बनने के बाद भी उन्होंने *सादा जीवन उच्च विचार* के सिद्धांत का अनुकरणीय उदाहरण पेश किया। उस समय जनता को शकर नहीं मिल रही थी, इसलिये लेनिन ने भी बिना शकर की चाय पीने का संकल्प लिया। उन्होंने सेक्रेटरी रखने की विलासिता से परहेज किया। वे अपनी चिट्ठियाँ ख़ुद लिखते थे और हर दिन 18 से 20 घंटे तक काम करते थे।

जब लेनिन को लक़वे का दौरा पड़ा और उनका दायाँ हाथ बेजान हो गया, तो उन्होंने बायें हाथ से लिखना सीखा। दो साल तक वे मौत से संघर्ष करते रहे और बार-बार यही कहते रहे, 'अभी मेरा कितना सारा काम बाक़ी है!'

'यह जानना कि आप अज्ञानी हैं,
ज्ञान की दिशा में एक बड़ा क़दम है।'

- बेंजामिन डिज़राइली

73

अल स्मिथ (1873–1944)

अल्फ़्रेड स्मिथ प्रख्यात अमेरिकी राजनेता थे, जिन्होंने 1928 में राष्ट्रपति का चुनाव लड़ा। वे न्यू यॉर्क राज्य की विधानसभा के लिये कई बार चुने गये और चार बार न्यू यॉर्क राज्य के गवर्नर बने। उन्होंने महिला मताधिकार, नशाबंदी, स्त्री-पुरुष समानता के क्षेत्रों में महत्त्वपूर्ण योगदान दिया।

अल स्मिथ ने अत्यंत विषम परिस्थितियों से जूझने के बाद सफलता पाई। उनकी स्कूली शिक्षा बहुत कम थी। वे बेहद ग़रीबी में पले-बढ़े थे। जब उनके बचपन में उनके पिता की मौत हुई, तो पिता के दोस्तों को चंदा करके उनके अंतिम-संस्कार का इंतज़ाम करना पड़ा। पिता की मौत के बाद उनकी माँ छाता बनाने वाली फ़ैक्ट्री में हर दिन दस घंटे काम करने लगीं। अतिरिक्त धन कमाने के लिये वे देर रात तक घर पर सिलाई का काम भी करती थीं।

छुटपुट नौकरियाँ करने के बाद 22 वर्ष की उम्र में अल स्मिथ एक वकील के यहाँ क्लर्क का काम करने लगे। इसके आठ साल बाद वे राजनीति में उतरे और न्यू यॉर्क विधानसभा के लिये चुन लिये गये। परंतु चुने जाने के बाद उन्हें यह एहसास हुआ कि वे इस जिम्मेदारी को निभाने के लिये अयोग्य हैं। अल्प-शिक्षित होने के कारण उन्हें विधेयक और क़ानून समझ में नहीं आते थे, इसलिये उन्होंने स्वयं को शिक्षित करने का संकल्प लिया। वे हर दिन सोलह घंटे पढ़ने लगे। कड़ी मेहनत और गहन अध्ययन की वजह से वे अपने युग के सबसे बुद्धिमान व्यक्तियों में गिने जाने लगे। इस आदत ने उन्हें स्थानीय राजनेता से राष्ट्रीय स्तर का नेता बना दिया। अपनी नकारात्मक परिस्थिति को सकारात्मक अनुभव में बदलने के लिये अगर अल स्मिथ ने हर दिन सोलह घंटे कड़ी मेहनत नहीं की होती, तो वे इतने सफल नहीं हो सकते थे।

‘निराशावादी हर अवसर में कठिनाई देखता है; आशावादी हर कठिनाई में अवसर देखता है।’

- विन्स्टन चर्चिल

74

विन्स्टन चर्चिल (1874–1965)

द्वितीय विश्वयुद्ध के दौरान ब्रिटेन के प्रधानमंत्री रहे सर विन्स्टन चर्चिल को बीसवीं सदी के महानतम राजनेताओं में से एक माना जाता है। राजनीति के अलावा उन्होंने साहित्य के क्षेत्र में भी उल्लेखनीय योगदान दिया। इतिहास, राजनीति और सैन्य अभियानों पर लिखी उनकी पुस्तकों की वजह से उन्हें 1953 में साहित्य का नोबेल पुरस्कार मिला।

बचपन में चर्चिल हकलाते थे, जिस वजह से उनके सहपाठी उन्हें चिढ़ाते थे। तभी चर्चिल ने संकल्प कर लिया था कि वे अपनी हकलाहट दूर करेंगे और एक महान वक्ता बनेंगे। उन्होंने ऐसा ही किया और अपनी वक्तृत्व क्षमता की वजह से वे राष्ट्रीय स्तर के नेता बन गये।

द्वितीय विश्वयुद्ध के दौरान जब जर्मन सेना बेल्जियम और हॉलैंड में घुस गई, तो ब्रिटेन के प्रधानमंत्री चैंबरलेन ने इस्तीफ़ा दे दिया। ऐसे समय में इंग्लैंड को एक साहसी, अनुभवी और सैन्य पृष्ठभूमि वाले प्रधानमंत्री की ज़रूरत थी। 11 मई 1940 को विन्स्टन चर्चिल प्रधानमंत्री बन गये। उन्होंने अपने पहले भाषण में पूरी ईमानदारी से कहा, 'मेरे पास आपको देने के लिये रक्त, आँसू, मेहनत और पसीने के सिवाय कुछ नहीं है।'

उस समय चर्चिल 65 साल के थे, परंतु फिर भी वे हर दिन 16 घंटे काम करते थे। दरअसल वे थोड़े समय काम करने के बाद आराम कर लेते थे, जिससे उन्हें नई ऊर्जा मिल जाती थी। वे सुबह 11 बजे तक बिस्तर पर लेटकर काम करते थे, यानी रिपोर्ट पढ़ते थे, आदेश लिखवाते थे, फ़ोन करते थे और महत्त्वपूर्ण मीटिंग लेते थे। लंच के बाद वे एक घंटे की नींद लेते थे। शाम को 8 बजे डिनर से पहले वे दो घंटे सोते थे। यही वजह थी कि वे आधी रात के बाद भी बिना थके काम करते रहते थे।

*'अगर आपको इंद्रधनुष चाहिये,
तो आपको बारिश भी झेलनी होगी।'*

- डॉली पार्टन

75

फ्रैंकलिन डी. रूज़वेल्ट (1882–1945)

फ्रैंकलिन डी. रूज़वेल्ट अमेरिका के एकमात्र राष्ट्रपति हैं, जो चार बार राष्ट्रपति चुने गये। उनकी मृत्यु के बाद संविधान में यह संशोधन कर दिया गया है कि कोई भी राष्ट्रपति पद पर दो बार से अधिक नहीं चुना जा सकता। द्वितीय विश्वयुद्ध में अमेरिका को विजयी बनाने में उनके कुशल नेतृत्व का बहुत बड़ा हाथ था।

रूज़वेल्ट का राजनीतिक करियर धमाके के साथ 1910 में शुरू हुआ, जब उन्होंने डेमोक्रेट उम्मीदवार के रूप में अपने इलाक़े की वह सीट जीत ली, जिस पर आम तौर पर रिपब्लिकन उम्मीदवार ही जीतते थे। उन्होंने राजनीति के क्षेत्र में तीव्र प्रगति की और 1920 में उन्होंने उपराष्ट्रपति का चुनाव लड़ा, हालाँकि वे इसमें जीत नहीं पाये।

अगस्त 1921 में वे कमर के नीचे पूरी तरह अपाहिज हो गये। सबको लग रहा था कि उनका राजनीतिक करियर अब ख़त्म हो जायेगा। बहरहाल, रूज़वेल्ट ने दृढ़ इच्छा शक्ति का परिचय देते हुए हार मानने से इंकार कर दिया। उन्होंने संकल्प लिया कि वे दुबारा चलकर दिखायेंगे। जॉर्जिया के वार्म स्प्रिंग्स यानी गर्म पानी के सोतों में नहाकर तथा पीड़ादायी व्यायाम करके उन्होंने अपनी स्थिति में इतना सुधार कर लिया कि एक साल बाद वे बैसाखियों के सहारे चलने लगे और दो साल बाद लेग-आयरन की मदद से। बाद में उन्होंने वार्म स्प्रिंग्स को ख़रीद लिया और उसे लक़वे के उपचार की एक अलाभकारी संस्था बना दिया।

1928 में वे न्यू यॉर्क राज्य के गवर्नर चुने गये और 1932 में वे अमेरिका के राष्ट्रपति बन गये और लगातार चार बार राष्ट्रपति चुने गये। बहरहाल, अगर अपाहिज होने के बाद वे हिम्मत हार गये होते, तो वे कभी राष्ट्रपति नहीं बन पाये होते।

‘ईश्वर चुनता है कि हम किन परिस्थितियों से गुज़रेंगे; हम चुनते हैं कि हम उन परिस्थितियों से कैसे गुज़रेंगे।’

- विक्टर फ्रैंकल

76

लालबहादुर शास्त्री (1904–1966)

भारत के प्रधानमंत्री बनने वाले लालबहादुर शास्त्री का जीवन बहुत प्रेरणादायी है। उन्होंने बहुत ग़रीबी में रहते हुए भी *सादा जीवन उच्च विचार* के सिद्धांत पर जीवन जिया।

जब शास्त्रीजी नैनी जेल में बंद थे, तो उनकी पुत्री पुष्पा बुरी तरह बीमार थी। कलेक्टर ने शास्त्रीजी से कहा कि अगर वे यह लिखकर दें कि वे जेल से बाहर जाकर किसी आंदोलन का समर्थन नहीं करेंगे, तो वे उन्हें छोड़ देंगे। परंतु शास्त्रीजी अँग्रेज़ों के सामने झुकने को तैयार नहीं हुए। उनकी दृढ़ता को देखकर कलेक्टर ने अंततः उन्हें बिना शर्त के रिहा कर दिया, लेकिन तब तक उनकी बेटी की मृत्यु हो चुकी थी। शास्त्रीजी ने बेटी का अंतिम संस्कार किया और वापस जेल पहुँच गये, क्योंकि वे जिलाधीश का एहसान नहीं लेना चाहते थे।

शास्त्रीजी अपने समय का दुरुपयोग करने के प्रति बहुत सावधान रहते थे। जेल में भी वे लिखते-पढ़ते रहे। वहीं पर उन्होंने 'मादाम क्यूरी' की जीवनी का हिंदी अनुवाद भी किया।

1951 के चुनाव में शास्त्रीजी काँग्रेस हाईकमान के प्रतिनिधि थे। वे तीनमूर्ति भवन में ठहरे हुए थे। जब नेहरूजी का नौकर उनके सामने भोजन की थाली लाता था, तब जाकर उन्हें खाने की याद आती थी। कई बार तो वे काम में इतने तल्लीन रहते थे कि भोजन करना भूल ही जाते थे।

शास्त्रीजी के नैतिक मूल्य बहुत दृढ़ थे। 1956 में उन्होंने अशियालूर में हुई रेल दुर्घटना की नैतिक ज़िम्मेदारी लेते हुए प्रधानमंत्री को अपना त्यागपत्र सौंप दिया। उनकी कथनी और करनी में कोई अंतर नहीं था। अनाज के संकट से निपटने के लिये उन्होंने लोगों से यह अपील की कि वे सप्ताह में एक दिन या कम से कम एक समय का उपवास रखें। ऐसा उन्होंने स्वयं भी किया।

'जीवन में महत्त्वपूर्ण चीज़ विजय नहीं,
संघर्ष है; मुख्य बात जीतना नहीं,
बल्कि अच्छी तरह जूझना है।'

- बैरन पियरे द कुबर्तिन

77

नेल्सन मंडेला (1918-2013)

1993 में नोबेल शांति पुरस्कार से सम्मानित और 1994 में दक्षिण अफ़्रीका के राष्ट्रपति बनने वाले नेल्सन मंडेला ने अपने वयस्क जीवन के 27 साल जेल में बिताये थे। उन्होंने एक सपने की ख़ातिर जीवन भर संघर्ष किया और उनका सपना यह था कि दक्षिण अफ़्रीका में रंगभेद समाप्त हो जाये। अपनी जीवनी में उन्होंने लिखा है कि उन्हें अपने जीवन में इस सपने के साकार होने की आशा नहीं थी, परंतु उन्हें विश्वास था कि उनके त्याग से भावी पीढ़ियों को लाभ पहुँचेगा। यह बहुत बड़ी बात है कि कोई ऐसे सपने के लिये अपना जीवन न्यौछावर कर दे, जिसे हासिल करने की उसे बहुत कम संभावना दिख रही हो।

मंडेला कहते थे, 'संघर्ष ही मेरा जीवन है।' जब वे रंगभेद की समाप्ति के लिये संघर्षरत थे, तो पुलिस उनकी तलाश में चप्पा-चप्पा छान रही थी। उस समय मंडेला के पास कई प्रस्ताव आये कि वे अपनी जन्मभूमि छोड़ दें, परंतु उन्होंने दृढ़ता से कहा था, 'मैं न तो दक्षिण अफ़्रीका छोड़ूँगा, न ही समर्पण करूँगा।' आख़िरकार पुलिस ने उन्हें पकड़कर जेल में बंद कर दिया। 1980 के दशक में मंडेला को रिहा करने के लिये दक्षिण अफ़्रीकी सरकार पर अंतर्राष्ट्रीय दबाव इतना ज़्यादा हो गया कि सरकार सशर्त रिहाई के लिये तैयार हो गई।

परंतु मंडेला सरकार की शर्तों पर रिहा होने के लिये तैयार नहीं थे। अपने स्वाभिमान की वजह से उन्हें पाँच और साल जेल में काटना पड़े, तब कहीं जाकर 73 वर्ष की उम्र में उन्हें उनकी शर्तों पर रिहा किया गया था। मंडेला आज दमित-शोषित मानवता के संघर्ष के प्रतीक बन चुके हैं। उनकी सफलता इस बात का उदाहरण है कि डटे रहने वाला इंसान कठिन से कठिन परिस्थितियों को भी जीत सकता है, बशर्ते वह संघर्ष और इंतज़ार करे।

चित्रकार एवं संगीतकार

‘ऐसे व्यक्ति बनें और
ऐसा जीवन जियें कि अगर हर व्यक्ति
आपके जैसा हो और
हर व्यक्ति का जीवन आपके
जीवन की तरह हो,
तो यह धरती स्वर्ग बन जाये।’

- फ़िलिप्स ब्रुक्स

78

लियोनार्डो द विंची (1452–1519)

दुनिया लियोनार्डो द विंची को *मोनालिसा* तथा *द लास्ट सपर* जैसे चित्रों के लिये ही जानती है, जबकि वे बहुमुखी प्रतिभा के धनी थे। वे गायक, चित्रकार, मूर्तिकार, वास्तुविद, कवि, कुशल वक्ता, मैकेनिक, इंजीनियर और वैज्ञानिक थे।

लियोनार्डो द विंची प्रकाश और छाया के प्रभावों का महत्त्व पहचानने वाले पहले चित्रकार थे, परंतु वे इतने से ही संतुष्ट नहीं हुए। वे उन नियमों को भी जानना चाहते थे, जिनसे प्रकाश और छाया उत्पन्न होती है। इसके लिये उन्होंने आँख की रचना और प्रकाश विज्ञान का अध्ययन किया। चित्रकला में प्रवीणता हासिल करने के लिये उन्होंने जानवरों तथा इंसान की शरीर रचना का अध्ययन किया और वनस्पति शास्त्र का भी।

1482 में विंची ने मिलान के ड्यूक से नौकरी माँगी। आवेदन-पत्र में उन्होंने अपनी योग्यताओं का असाधारण वर्णन करते हुए कहा कि वे पुल, तोपें, जहाज और युद्ध की मशीनें बना सकते हैं; संगमरमर, काँसे और मिट्टी की प्रतिमायें बना सकते हैं; चित्र बना सकते हैं, इमारतें बना सकते हैं और पानी को एक स्थान से दूसरे स्थान तक ले जा सकते हैं। इतने योग्य व्यक्ति को कौन नौकरी पर नहीं रखना चाहेगा? ड्यूक ने तत्काल उन्हें अपना इंजीनियर तथा वास्तुविद बना लिया।

अपने वैज्ञानिक प्रयोगों के दौरान विंची ने हवाई जहाज का प्रारूप बनाया और अगर उनके पास पेट्रोल इंजन जैसी कोई चीज़ होती, तो वे इसे उड़ा सकते थे। उन्होंने भाप की शक्ति के प्रयोग की कल्पना भी की। वैज्ञानिक कहते हैं कि यदि उनके प्रयोगों का वर्णन करने वाली नोटबुक्स उन्नीसवीं सदी के बजाय उनकी मृत्यु के समय ही प्रकाशित हो जातीं, तो वैज्ञानिकों का बहुत सा समय बच जाता।

*‘अगर लोगों को पता होता कि
मैं विशेषज्ञता हासिल करने के लिये
कितनी कड़ी मेहनत करता हूँ,
तो उन्हें इतनी हैरानी नहीं होती।’*

- माइकल एन्जेलो

79

माइकल एन्जेलो (1475–1564)

माइकल एन्जेलो का जन्म एक कुलीन परंतु ग़रीब परिवार में हुआ। बचपन में ही उनकी रुचि कला में जाग्रत हो गई। उनके पिता और चाचाओं ने कला का भूत उतारने के लिये उनकी पिटाई भी की, परंतु माइकल एन्जेलो की इच्छा इतनी प्रबल थी कि वे अपनी ज़िद पर अड़े रहे। वे चित्रकारी करते समय प्रकृति और यथार्थ पर बहुत ध्यान देते थे। मछलियों के पंखों के आकार और रंगों का अध्ययन करने के लिये वे मछली बाज़ार जाते थे, ताकि बाद में अपने चित्र में उन्हें हूबहू उतार सकें।

इसके बाद वे मूर्तिकला की ओर आकर्षित हुए। उन्होंने डिसेक्शन किये और शरीर विज्ञान का गहन अध्ययन किया। वे अपनी कला के आलोचकों के साथ कितनी अच्छी तरह निबटते थे, इसका एक रोचक उदाहरण यह है : *जब उन्होंने डेविड की एक बड़ी प्रतिमा बनाई, तो एक व्यक्ति ने आलोचना करते हुए कहा कि उसकी नाक बहुत बड़ी थी। माइकल एन्जेलो ने तत्काल छेनी-हथौड़ी उठाई और अपने हाथ में संगमरमर की थोड़ी सी धूल छुपाकर रख ली। उन्होंने नाक को छोटा करने का अभिनय किया और ऐसा करते समय वे धूल गिराते रहे। कुछ समय बाद वह व्यक्ति बोला कि अब यह प्रतिमा बिलकुल आदर्श है।* हालाँकि माइकल एन्जेलो ने उस प्रतिमा की नाक को कुछ नहीं किया था, परंतु आलोचक को इस बात की तसल्ली हो गई कि उसकी बात को महत्त्व दिया गया।

उन्होंने विवाह नहीं किया, क्योंकि विवाह से उनके काम में बाधा पहुँचने की आशंका थी। जब उनके एक मित्र ने उनसे कहा कि यह अफ़सोस की बात है कि वे विवाहित नहीं हैं और उनके बच्चे नहीं हैं, तो उन्होंने जवाब दिया था, 'मैंने अपनी कला को अपनी पत्नी बना लिया है और मेरी कलाकृतियाँ ही मेरी संतानें हैं, जिन्हें मैं अपने पीछे छोड़ जाऊँगा।'

'अधिकांश बड़े लक्ष्य हासिल न हो
पाने का कारण यह है कि
हम छोटी चीज़ों को
पहले करने में अपना समय
बिता देते हैं।'

- रॉबर्ट जे. मैकैन

80

मोज़ार्ट (1756–1791)

ऑस्ट्रिया के प्रख्यात संगीतकार मोज़ार्ट ने संगीत की कई विधाओं में महारत हासिल की। उन्होंने 41 सिम्फ़नी, 7 ऑपेरा, 27 पियानो कन्सर्ट और 17 पियानो सोनाटा की रचना की, जो संगीत की अमूल्य धरोहर हैं।

उनके पिता भी संगीतकार थे और वे 4 साल की उम्र से ही मोज़ार्ट को संगीत सिखाने लगे। 5 साल की उम्र में मोज़ार्ट संगीत रचनायें करने लगे। 6 साल की उम्र में वे अपनी बहन के साथ संगीत कार्यक्रम देने के लिये यूरोप गये।

जीवन भर उनके संगीत का लोहा सबने माना, परंतु उन्हें कोई ऐसा संपन्न संरक्षक या अच्छी नौकरी नहीं मिली, जो उन्हें आर्थिक सुरक्षा दे सके और वे इत्मीनान से संगीत रचनायें लिख सकें। उन्हें वाहवाही तो ख़ूब मिली, परंतु धन नहीं मिला। उन्होंने अपने पिता की इच्छा के विरुद्ध विवाह किया, जिससे उनके जीवन का अंतिम दौर आर्थिक रूप से अत्यधिक कष्टदायी हो गया। पैसे की कमी के चलते उनका बहुत सा बेशक़ीमती समय नये संगीत की रचना के बजाय अमीर औरतों को संगीत सिखाने या लोकप्रिय रचनायें सुनाने में बर्बाद हुआ।

मोज़ार्ट इतने ग़रीब थे कि वे जिस टूटे-फूटे कमरे में रहते थे, उसे गर्म रखने के लिये लकड़ी नहीं ख़रीद सकते थे। जब वे रात को दैवी संगीत की रचना करते थे, तो अपने हाथों को गर्म रखने के लिये ऊन के मोजे पहनते थे। सिर्फ़ पैंतीस साल की उम्र में ही टी.बी. की बीमारी से इस महान संगीतकार की मृत्यु हो गई। उनकी अंत्येष्टि के दिन मौसम इतना ख़राब था कि सिर्फ़ छह लोग ही मौजूद थे और जब तूफ़ानी बारिश होने लगी, तो वे भी भाग खड़े हुए।

'ईश्वर यह नहीं देखता कि
हम कितना काम करते हैं,
बल्कि यह देखता है कि हम उसे
कितने प्रेम से करते हैं।'

- मदर टेरेसा

81

लुडविग वान बीथोवन (1770–1827)

क्या आप जानते हैं कि महान संगीतकार बीथोवन युवावस्था में ही बहरे हो गये थे और इसके बाद ही उन्होंने अपनी महानतम रचनायें लिखीं? उनके पिता एक गायक थे और वे बहुत छोटी उम्र से ही लुडविग को संगीत सिखाने लगे। चार साल की उम्र में ही बीथोवन ने तीन सोनाटा बना दिये थे। कुछ सालों की स्कूली शिक्षा के बाद उनके पिता ने उन्हें स्कूल से निकाल लिया, क्योंकि उनके हिसाब से स्कूल बच्चे की असली प्रतिभा को निखारने के काम में बाधा डाल रहा था।

नौ साल की उम्र में उनके पिता ने उनसे कहा, 'बेटे, मैं जितना जानता था, मैंने तुम्हें वह सब सिखा दिया है। मैं तुम्हें अपने से योग्य शिक्षक के पास भेज रहा हूँ। मेहनत करना और हमेशा याद रखना, यह तुम्हारे जीवन का काम है।' पिता की सलाह पर अमल करते हुए बीथोवन संगीत रचनायें लिखते समय एक-एक शब्द पर घंटों मेहनत करते थे। वे एक ही रचना पर कई सप्ताह, महीनों यहाँ तक कि बरसों तक काम करते थे, उसमें सुधार करते थे, उसमें काट-छाँट करते थे, उसे दुबारा लिखते थे, परंतु एक बार रचना पूरी होने के बाद उसमें हेरफेर नहीं करते थे, क्योंकि उनकी संगीत रचना तब तक पूरी नहीं होती थी, जब तक कि वह आदर्श न बन जाये। शायद यही वजह है कि उन्होंने इतनी कम संगीत रचनायें लिखीं।

बीथोवन जब युवावस्था में पहुँचे, तो उनकी सुनने की शक्ति कम होने लगी। तीस साल से पहले ही उनकी वह इंद्रिय बेकार हो गई, जो संगीत के लिये अनिवार्य समझी जाती है। इसके बावजूद वे महान संगीत की रचना करते रहे, क्योंकि उनका संगीत उनके कानों में नहीं, बल्कि उनकी आत्मा में गूँज रहा था। हर दिन, हर पल कष्ट भोगते हुए बहरेपन की स्थिति में ही उन्होंने अपनी महानतम रचनायें - तीसरी, चौथी, पाँचवीं, सातवीं और आठवीं सिम्फ़नी - लिखीं।

'सफलता जीवन में
हमारी उपलब्धियों द्वारा नहीं,
बल्कि उन बाधाओं द्वारा
नापी जाती है,
जिन्हें हमने सफल होने के
लिये पार किया है।'

- बुकर टी. वॉशिंगटन

82

चोपिन (1810–1849)

पोलिश संगीतकार फ़्रेडरिक चोपिन पियानो के महान फनकार थे। उन्हें पियानो का महानतम संगीतकार कहा जाता है। फ़्रेंच पिता और पोलिश माता से जन्मे चोपिन का बचपन ग़रीबी में गुज़रा, परंतु ग़रीबी उनकी प्रतिभा के विकास को नहीं रोक पाई। बचपन से ही वे बहुत प्रतिभाशाली थे। चार साल की उम्र में उन्होंने पियानो बजाना शुरू कर दिया, सात साल की उम्र में पहली संगीत रचना लिखी और आठ साल की उम्र में अपना पहला संगीत कार्यक्रम प्रस्तुत किया।

20 वर्ष की उम्र में चोपिन ने पोलैंड छोड़ा, ताकि वे बाहर निकलकर दुनिया में नाम कमायें। विश्व की सांस्कृतिक राजधानी पेरिस पहुँचकर उन्होंने अमीरों की पत्नियों को पियानो सिखाया और पार्टियों में संगीत बजाया। बहरहाल, पेट की ख़ातिर की गई मेहनत ने उन्हें बीमार कर दिया और उन्हें टी.बी. हो गई।

1848 की क्रांति ने संगीत कार्यक्रमों से होने वाली उनकी आमदनी को लगभग ख़त्म कर दिया, क्योंकि अमीर लोग पेरिस छोड़कर चले गये थे। चोपिन की हालत बहुत ख़राब थी। उनकी खाँसी में ख़ून आ रहा था, परंतु ग़रीबी का यह आलम था कि उनके पास इलाज के लिये तो क्या, पेट भरने तक के पैसे नहीं थे। न तो उनका कोई अमीर संरक्षक नहीं था, न ही नौकरी, जिससे उनका गुज़ारा हो सके। वे मजबूरी में इंग्लैंड और स्कॉटलैंड के अमीरों के महलों में संगीत बजाते रहे। अंत में वे बहुत बीमारी की हालत में पेरिस लौटे, जहाँ कुछ महीने बाद उनकी मृत्यु हो गई। उनका जीवन इस बात का उदाहरण है कि बीमारी, ग़रीबी तथा मुश्किलों के बावजूद सफलता पाई जा सकती है और दुनिया में नाम कमाया जा सकता है।

'तार्किक व्यक्ति दुनिया के हिसाब से
ख़ुद को ढाल लेता है;
अतार्किक व्यक्ति दुनिया को
अपने हिसाब से ढालने की
कोशिश करता रहता है।
इसीलिये सारी प्रगति अतार्किक
व्यक्ति पर निर्भर करती है।'

- जॉर्ज बर्नार्ड शॉ

83

विन्सेंट वान गॉग (1853–1890)

750 चित्र तथा 1500 ड्रॉइंग बनाने वाले प्रख्यात चित्रकार वान गॉग हॉलैंड के एक प्रोटेस्टेंट पादरी के पुत्र थे। बचपन से ही उनकी बुद्धि तीव्र थी, परंतु वे किसी एक स्थान पर नहीं टिक पाये। 16 वर्ष की उम्र में वे एक आर्ट डीलर के यहाँ एप्रेंटिस बन गये। इसके बाद उन्होंने कई नौकरियाँ बदलीं। वे आर्ट गैलरी में सेल्समैन बने, फ़्रेंच भाषा के शिक्षक बने, धर्मशास्त्र के विद्यार्थी बने और बेल्जियम की कोयले की खदानों में उन्होंने धर्मप्रचारक का काम भी किया। अगर सब कुछ ठीक चलता रहता, तो वान गॉग चर्च में ही अपना जीवन समर्पित कर देते और विश्व उनकी अनमोल कलाकृतियों से वंचित रह जाता। लेकिन चर्च के अधिकारियों से विवाद हो जाने के कारण उन्हें चर्च से निकाल दिया गया।

इसके बाद वे पूरे मनोयोग और उत्साह से पेंटिंग करने लगे। उन्हें चित्रकला में हो रहे समकालीन परिवर्तनों का ज्ञान था। यह और बात है कि उन्हें उतनी प्रशंसा या प्रोत्साहन नहीं मिला, जिसके वे हक़दार थे। आज जो कलाकृतियाँ बहुमूल्य समझी जाती हैं, उनके जीवनकाल में लोगों ने उन्हें महत्त्व नहीं दिया। उस ज़माने के लोग वान गॉग की कलाकृतियों की क़ीमत नहीं समझ पाये, क्योंकि वे अपने समय से बहुत आगे थे। उन्होंने 750 पेंटिंग्स बनाई थीं, परंतु उनके जीवनकाल में उनकी सिर्फ़ एक पेंटिंग *द रेड वाइन* ही बिक पाई।

निराशा और हताशा में अपने जीवन के आख़िरी दौर में वान गॉग मानसिक अस्थिरता का शिकार हो गये, जिस वजह से उन्हें पागलख़ाने में रहना पड़ा। पागलपन के एक दौरे में उन्होंने 37 वर्ष की उम्र में अपने पेट में गोली मारकर आत्महत्या कर ली।

'आलोचक महत्त्वपूर्ण नहीं होता...
श्रेय उस आदमी को दिया जाना चाहिये,
जो दरअसल मैदान में संघर्ष करता है,
जिसका चेहरा धूल, पसीने और
ख़ून से लथपथ होता है तथा
जो बहादुरी से अपने लक्ष्य
की ओर बढ़ता है।'

- थियोडोर रूज़वेल्ट

84

एनरिको कैरुसो (1873–1921)

इटली के महान ऑपेरा गायक एनरिको कैरुसो ने 21 वर्ष की उम्र में गाना शुरू किया, परंतु उन्हें 25 वर्ष की उम्र में जाकर सफलता मिली। अपनी दमदार आवाज़ की बदौलत वे मेट्रोपोलिटन ऑपेरा हाउस के प्रमुख आकर्षण बन गये। जब रिकॉर्ड प्लेयर का आविष्कार हुआ, तो वे उन पहले गायकों में थे, जिन्होंने इसके माध्यम से अपनी कला को घर-घर पहुँचाया। इससे वे दुनिया भर में मशहूर हो गये। 1987 में कैरुसो को मरणोपरांत ग्रैमी लाइफ़टाइम एचीवमेंट अवार्ड से सम्मानित किया गया।

बहरहाल, बहुत कम लोग यह जानते होंगे कि सफलता पाने के लिये कैरुसो को कितना संघर्ष करना पड़ा। ग़रीबी के दमघोंटू शिकंजे में उन्होंने अपना बचपन गुज़ारा था। खेलने-कूदने की उम्र में परिवार की मदद करने के लिये उन्हें मजदूरी करना पड़ी। दस साल की उम्र में कैरुसो नेपल्स की एक फ़ैक्ट्री में काम करने लगे। दिन भर मेहनत-मजदूरी करने के बाद भी उनके मन में गायक बनने का सपना था। जब वे संगीत सीखने गये, तो संगीत शिक्षक ने यह कहकर उनके उत्साह पर पानी फेर दिया, 'तुम कभी गायक नहीं बन सकते। तुम्हारी आवाज़ में दम नहीं है। जब तुम गाते हो, तो ऐसा लगता है जैसे हवा से शटर गिर रहे हों।' कैरुसो यह सुनकर निराश हो गये, परंतु उनकी माँ ने उन्हें हौसला बँधाया। उन्होंने कैरुसो की आवाज़ की तारीफ़ करते हुए कहा कि उनमें गायक बनने की प्रतिभा है। कैरुसो के संगीत प्रशिक्षण की फ़ीस जुटाने के लिये उनकी माँ नंगे पैर मेहनत करती रहीं। ग़रीब माँ की प्रशंसा तथा त्याग ने उनकी ज़िंदगी बदल दी और आगे चलकर वे अपने युग के महानतम ऑपेरा गायक बने।

'वे जीत जाते हैं,
जिन्हें यह विश्वास होता है
कि वे जीत सकते हैं।'

- इमर्सन

85

जॉर्ज गर्शविन (1898–1937)

लोकप्रिय अमेरिकी संगीतकार जॉर्ज गर्शविन बचपन में चित्रकार बनना चाहते थे, परंतु अपनी माँ की ईर्ष्या की वजह से वे संगीतकार बन गये। उन दिनों पियानो स्टेटस सिंबल हुआ करता था, इसलिये जब एक रिश्तेदार ने पियानो ख़रीदा, तो गर्शविन की माँ भी पियानो ख़रीद लाईं। उनकी ईर्ष्या ने अमेरिकी संगीत का इतिहास बदल दिया, क्योंकि अगर उन्होंने पियानो नहीं ख़रीदा होता, तो उनके पुत्र जॉर्ज संगीतकार नहीं बने होते।

जॉर्ज को सफलता रातोंरात नहीं मिली। उन्होंने अपना पहला गीत पाँच डॉलर में बेचा। अपना पहला लोकप्रिय हिट गीत *स्वानी* लिखने से पहले वे सैकड़ों गीत लिख चुके थे। *स्वानी* भी एकदम सफल नहीं हुआ। अल जॉनसन को छोड़कर किसी ने इसकी तरफ़ ध्यान नहीं दिया। नौ महीने बाद जब अल जॉनसन को एक हिट गीत गाना था, तो उन्होंने *स्वानी* गाया और पाँच मिनट में एक असफल गीत को मशहूर बना दिया। लाखों लोग इसके रिकॉर्ड की धुन पर नाचने लगे। उस समय गर्शविन एक सप्ताह में पैंतीस डॉलर कमा रहे थे और जब *स्वानी* के लिये उन्हें साठ हज़ार डॉलर मिले, तो वे हैरान रह गये।

गर्शविन ने अपनी सबसे लोकप्रिय रचना *रैप्सोडी इन ब्लू* बहुत जल्दी में लिखी। पॉल व्हाइटमैन ने गर्शविन से एक सम्मानजनक जैज रचना करने का आग्रह किया था, परंतु गशर्विन उस वक़्त एक संगीतमयी कॉमेडी लिख रहे थे, इसलिये वे इसके बारे में भूल गये। एक दिन जब उन्होंने अख़बार में पढ़ा कि वे जैज संगीत की रचना कर रहे हैं, तो उन्हें व्हाइटमैन का आग्रह याद आया और उन्होंने अपने ख़ाली समय में *रैप्सोडी इन ब्लू* लिखा, जिसने अमेरिका को पारंपरिक संगीत की क़ैद से आज़ाद कर दिया।

*'बेचैनी असंतोष की निशानी है
और असंतोष प्रगति
की पहली आवश्यकता है।
आप मुझे पूरी तरह संतुष्ट इंसान
दिखा दीजिये - और मैं आपको
पूरी तरह असफल इंसान दिखा दूँगा।'*

- थॉमस एडिसन

86

एल्विस प्रेस्ले (1935–1977)

एल्विस प्रेस्ले संगीत की दुनिया में सबसे अधिक धन कमाने वाले गायक थे। उन्होंने एक बिलियन डॉलर से भी अधिक धन कमाया।

प्रेस्ले मिसिसिपी के बहुत ग़रीब परिवार में पैदा हुए थे। 11 साल की उम्र में उनके माता-पिता ने उन्हें गिटार दिला दिया। एल्विस तो साइकल चाहते थे, परंतु उनके माता-पिता के पास साइकल ख़रीदने के पैसे नहीं थे, इसलिये एल्विस को गिटार से ही संतोष करना पड़ा। इस संयोग की वजह से ही उनका संगीत-प्रेम जाग्रत हुआ और वे इतने महान गायक बन पाये।

उन्होंने अपना पहला रिकॉर्ड इसलिये बनवाया, क्योंकि वे इसे अपनी माँ को जन्मदिन के तोहफ़े के रूप में देना चाहते थे। इस रिकॉर्ड को बनवाने में सिर्फ़ चार डॉलर का ख़र्च आया। एल्विस की माँ उनसे कहा करती थीं कि भले ही तुम्हारा जन्म ग़रीब परिवार में हुआ है, परंतु तुम किसी से किसी बात में कम नहीं हो। अपनी माँ की बात से उन्हें प्रेरणा और आगे बढ़ने का हौसला मिला। वे संगीत को अपना करियर बनाने के लिये प्रेरित हुए और रिकॉर्डिंग कंपनियों के चक्कर लगाने लगे।

तभी उन्होंने सुना कि सन रिकॉर्ड के सैम फ़िलिप्स को एक ऐसे श्वेत गायक की तलाश थी, जिसकी आवाज़ नीग्रो जैसी हो। तत्काल प्रेस्ले सन रिकॉर्ड के ऑफ़िस में पहुँच गये। वहाँ पर सैम फ़िलिप्स को उनका गाना पसंद आया और प्रेस्ले सन रिकॉर्ड के साथ जुड़ गये। फिर एक के बाद एक लोकप्रिय रिकॉर्ड आये। प्रेस्ले ने कई संगीत कार्यक्रम किये और वे युवा पीढ़ी के दिलों पर राज करने लगे। ग़रीब परिवार में पैदा हुआ यह गायक अपनी प्रतिभा के दम पर ग़रीबी के दलदल से निकलकर अमीरी के शिखर पर पहुँचने में सफल हुआ।

विविध

'मुझे क़िस्मत पर बहुत भरोसा है
और मैंने पाया है कि
मैं जितनी ज़्यादा मेहनत करता हूँ,
मेरी क़िस्मत उतनी ही
अच्छी होती जाती है।'

\- स्टीफ़न लीकॉक

87

डेमोस्थनीज़ (383–322 ईसा पूर्व)

डेमोस्थनीज़ प्राचीन यूनान के महानतम वक्ताओं में से एक हैं, जिन्होंने एथेंस और यूनान की स्वतंत्रता के लिये आजीवन संघर्ष किया।

डेमोस्थनीज़ बचपन से ही अटक कर बोलते थे, हकलाते थे और बोलने की कोशिश करते समय उनका चेहरा विकृत हो जाता था। किशोरावस्था में डेमोस्थनीज़ ने अपने शारीरिक दोषों को दूर करने के लिये कड़ी मेहनत की। अपनी हकलाहट दूर करने के लिये उन्होंने अपने मुँह में पत्थर भरकर बोलने का अभ्यास किया। बोलते समय चेहरे की विकृति को दूर करने के लिये उन्होंने शीशे में देखकर बोलने का अभ्यास किया। समुद्र किनारे लहरों के शोर में वे ज़ोर से बोलते थे, ताकि वे सार्वजनिक सभा के शोर के आदी हो जायें। वे एक भूमिगत गुफा में महीनों तक लिखते-पढ़ते रहते थे। लोगों के बीच लौटने की इच्छा न हो, इसलिये वे अपना आधा सिर मूँड लेते थे। गुफा के एकाकीपन में दीपक की रोशनी में उन्होंने अपने अमर भाषण लिखे।

डेमोस्थनीज़ ने यूनान और एथेंस की स्वतंत्रता के लिये अथक प्रयास किये। मैसीडोनिया के सम्राट ने उन्हें पकड़वाने के लिये अपने आदमी भेजे। डेमोस्थनीज़ मंदिर में छुपे थे। आर्कियास नामक अभिनेता सैनिकों के साथ उन्हें पकड़ने आया। वह मंदिर की पवित्रता खंडित नहीं करना चाहता था, इसलिये वह डेमोस्थनीज़ से बोला कि यदि वे समर्पण कर देंगे, तो सम्राट उन्हें माफ़ कर देंगे। डेमोस्थनीज़ ने कहा, 'आर्कियास, तुम्हारे अभिनय से मैं कभी प्रभावित नहीं हुआ और अब तुम अपने वादों से भी मुझे प्रभावित नहीं कर सकते।' फिर उन्होंने पत्र लिखने का बहाना करके अपने पेन के ऊपरी हिस्से को काट लिया, जिसमें ज़हर भरा था। गुलामी की ज़िंदगी जीने के बजाय डेमोस्थनीज़ ने आज़ादी की मौत का विकल्प चुनना बेहतर समझा।

*'बाधा जितनी बड़ी हो,
उसे पार करने की प्रसिद्धि
उतनी ही बड़ी होती है।
कुशल नाविक भयानक तूफ़ानों और
झंझावातों में ही मशहूर होते हैं।'*

- एपिक्यूरस

88

कोलंबस (1451–1506)

क्रिस्टोफ़र कोलंबस ने अमेरिका की खोज कैसे की, यह एक रोचक कहानी है। जब कोलंबस स्कूल में पढ़ते थे, तो उन्होंने पाइथेगौरस की एक पुस्तक पढ़ी, जिसमें लिखा था कि दुनिया गोल है। इससे कोलंबस के दिमाग़ में एक विचार आया। उन्होंने सोचा कि अगर दुनिया गोल है तो वे पश्चिम दिशा में समुद्री यात्रा करके पूर्व दिशा में स्थित भारत तक पहुँचने का मार्ग खोज सकते हैं। बहरहाल जब बड़े होकर उन्होंने अपनी योजना विद्वानों के सामने रखी, तो वे हँसने लगे। उन्होंने कोलंबस से कहा कि पृथ्वी गोल नहीं, बल्कि चपटी है और अगर उसने यह मूर्खतापूर्ण कार्य किया, तो वह दुनिया के अंतिम सिरे पर पहुँच जायेगा और अनंत खाई में गिर जायेगा।

सत्रह साल तक कोलंबस ने जीतोड़ कोशिश की कि कोई उनके अभियान के लिये पैसे दे दे। आख़िरकार स्पेन की महारानी ने उन्हें जहाज दे दिये, परंतु इस ख़तरनाक अभियान पर जाने के लिये कोई जहाजी तैयार नहीं था। अंत में कोलंबस ने जेल में बंद क़ैदियों के सामने यह प्रस्ताव रखा कि अगर वे उनके साथ चलेंगे, तो उन्हें रिहा कर दिया जायेगा।

1492 में कोलंबस तीन जहाजों और 88 अनिच्छुक नाविकों के साथ चल पड़े। जब काफ़ी समय के बाद भी ज़मीन नहीं दिखी, तो कोलंबस का पूरा दल बग़ावत पर उतारू हो गया। वे एक असंभव काम को करने की कोशिश में अपनी जान नहीं गँवाना चाहते थे। वे वापस लौटना चाहते थे, परंतु कोलंबस इसके लिये तैयार नहीं थे। अंत में, कोलंबस ने अपने साहस और दृढ़ संकल्प की बदौलत अमेरिका को खोज लिया। बहरहाल, रोचक तथ्य यह है कि वे अंत तक यही मानते रहे कि उन्होंने भारत तक पहुँचने का मार्ग खोज लिया है। यही वजह थी कि उन्होंने अमेरिका के निवासियों को इंडियन्स नाम दिया था।

‘अगर सफलता का कोई रहस्य है,
तो वह यह है कि हम
किसी घटना को अपने नज़रिये के
साथ-साथ सामने वाले के
नज़रिये से भी देख सकें।’

- हेनरी फ़ोर्ड

89

जनरल रॉबर्ट ई. ली (1807–1870)

जनरल रॉबर्ट एडवर्ड ली अमेरिका के महानतम सेनापतियों में से एक हैं। जब गृहयुद्ध निकट दिख रहा था, तो राष्ट्रपति अब्राहम लिंकन ने ली के सामने संघ का सेनापति बनने का प्रस्ताव रखा, परंतु ली ने इंकार कर दिया। कुछ समय बाद वर्जीनिया संघ से अलग हो गया और ली अमेरिकी सेना से इस्तीफ़ा देकर वर्जीनिया के सेनापति बन गये। एक साल तक वे कॉन्फ़ेन्डरेट राज्यों के राष्ट्रपति जेफ़रसन डेविड के सैन्य सलाहकार रहे। उनकी सबसे बड़ी क्षमता यह थी कि वे अपने विरोधियों द्वारा उठाये जाने वाले क़दमों को भाँप लेते थे, उनकी कमज़ोरियों को समझ लेते थे और उस हिसाब से अपनी रणनीति बनाते थे।

एक बार जब कॉन्फ़ेन्डरेसी के राष्ट्रपति जेफ़रसन डेविड ने जनरल ली से एक अधीनस्थ अफ़सर के बारे में राय माँगी, तो ली ने उस अफ़सर की बहुत तारीफ़ की। पास खड़े एक अधिकारी ने हैरानी से कहा, 'जनरल, क्या आपको नहीं मालूम कि वह अफ़सर आपके बारे में शत्रुतापूर्ण विचार रखता है और आपकी बुराई करने का कोई मौक़ा नहीं छोड़ता?' ली ने कहा, 'मैं जानता हूँ, लेकिन राष्ट्रपति ने उसके बारे में मेरे विचार पूछे थे, मेरे बारे में उसके विचार नहीं पूछे थे।'

वे जानते थे कि सच्चा लीडर कभी असफलता के बहाने नहीं बनाता, बल्कि ज़िम्मेदारी लेता है। गेटिसबर्ग की हार के लिये जनरल ली अगर बहाना बनाना चाहते, तो बहुत से बहाने बना सकते थे। उनके कई डिवीजन कमान्डर्स ने उन्हें धोखा दिया था। पैदल सेना के समर्थन के लिये घुड़सवार सेना समय पर नहीं आई थी। परंतु जनरल ली इतने महान थे कि उन्होंने किसी दूसरे को दोष नहीं दिया। उन्होंने कहा, 'सारी ग़लती मेरी ही थी। मैं और सिर्फ़ मैं ही इस हार के लिये ज़िम्मेदार हूँ।'

‘हीरा और कुछ नहीं,
सिर्फ़ कोयले का टुकड़ा होता है,
जो बहुत अधिक दबाव की वजह से
मूल्यवान बन गया है।’

- अज्ञात

90

फ़्लोरेंस नाइटिंगेल (1820–1910)

फ़्लोरेंस नाइटिंगेल इंग्लैंड में आधुनिक नर्सिंग सिस्टम की प्रवर्तक थीं। उन्होंने नर्सिंग को न सिर्फ़ इंग्लैंड में, बल्कि पूरी दुनिया में सम्मानजनक दर्जा दिलवाया। 1907 में उन्हें ऑर्डर ऑफ़ द मेरिट से सम्मानित किया गया और वे यह सम्मान पाने वाली पहली महिला थीं।

फ़्लोरेंस नाइटिंगेल अमीर घर में पैदा हुई थीं, परंतु वे आलसी अमीरों का जीवन नहीं जीना चाहती थीं। उन्होंने नर्स बनने का फ़ैसला किया, क्योंकि उनके विचार से यहीं पर महिलायें मानव जाति की सबसे बड़ी सेवा कर सकती थीं। उनके संपन्न तथा प्रतिष्ठित माता-पिता को जब यह पता चला कि उनकी लड़की नर्स बनना चाहती है, तो वे दहशत में आ गये। उन्होंने उसे समझाने के बहुत प्रयास किये कि नर्स का पेशा सम्मानजनक नहीं है, परंतु फ़्लोरेंस अपने फ़ैसले पर अटल रहीं। 1853 में फ़्लोरेंस एक अस्पताल में नर्स बन गईं और उन्होंने इतनी सफलता से काम किया कि उस अस्पताल की छवि सुधर गई।

जब *टाइम्स* के विशेष संवाददाता ने इस बात की आलोचना की कि आल्मा के युद्ध में घायलों की देखभाल के लिये न तो पर्याप्त डॉक्टर हैं, न ही नर्सें, तो फ़्लोरेंस नाइटिंगेल को वहाँ पर भेज दिया गया। लोगों ने यह ख़बर सुनकर दाँतों तले उँगली दबा ली कि एक अमीर, युवा और सुंदर अभिजात्य महिला विलासिता तथा आराम का जीवन छोड़कर ख़तरों के बीच जा रही है। वहाँ वे बीस घंटे तक काम करती थीं, जिसमें नर्सिंग के अलावा रसोइये, हाउसकीपर, सफ़ाई, कपड़े धोना, स्टोरकीपिंग आदि काम शामिल थे। उनकी आदत थी कि वे देर रात को सोने से पहले लैंप हाथ में लेकर पूरे वार्ड में घूमती थीं। इसी आदत की वजह से उनका नाम *द लेडी ऑफ़ द लैंप* पड़ा।

'हम यह देखना चाहते हैं
कि बच्चा ज्ञान का पीछा करे,
यह नहीं देखना चाहते कि ज्ञान
बच्चे का पीछा करे।'

- जॉर्ज बर्नार्ड शॉ

91

मारिया मॉन्टेसरी (1870–1952)

मारिया मॉन्टेसरी ने मॉन्टेसरी प्रणाली के द्वारा शिक्षा जगत में क्रांति कर दी। रोचक तथ्य यह है कि वे डॉक्टर बनना चाहती थीं, परंतु रोम के मेडिकल कॉलेज के प्रमुख ने उनसे कहा कि यह असंभव है, 'ऐसा आज तक नहीं हुआ है और इसके बारे में तो सोचा भी नहीं जा सकता।' बहरहाल, मॉन्टेसरी ने हार मानने से इंकार करते हुए पोप से सिफ़ारिश करवायी, जिससे उन्हें मेडिकल कॉलेज में दाख़िला मिल गया।

उस समय सिर्फ़ पुरुष ही डॉक्टर बनते थे, इसलिये उनके साथी छात्र उन पर ताने कसते थे और उन्हें तंग करते थे। आधी रात को मारिया को शरीर विज्ञान की कक्षा में अकेले पढ़ने और मुर्दों की चीरफाड़ करने के लिये विवश किया जाता था। इसके बावजूद वे जुटी रहीं और 1896 में इटली की पहली महिला डॉक्टर बन गईं। यहाँ भी उनके साथ पुरुषप्रधान समाज ने भेदभाव किया। महिला होने के कारण उन्हें वयस्कों का इलाज नहीं करने दिया गया। इसके बजाय उन्हें कुछ 'मूर्ख' बच्चों की ज़िम्मेदारी सौंपी गई, जिन्हें अत्यंत मंदबुद्धि समझा जाता था।

युवा मारिया ने इस चुनौती को स्वीकार किया। कुछ महीनों में ही उन्होंने इन 'मूर्खों' को सामान्य स्तर पर पढ़ने-लिखने क़ाबिल बना दिया। उन्होंने अपनी प्रणाली को बार-बार दोहराकर इसकी सफलता की जाँच कर ली और 1899 में ओर्थोपीडिक स्कूल ऑफ़ रोम की स्थापना की। अपनी शिक्षण प्रणाली के प्रचार-प्रसार के लिये मॉन्टेसरी ने अपनी नौकरी छोड़ दी। पुरुषों के प्रबल विरोध के बावजूद मारिया मॉन्टेसरी इसलिये सफल हुईं, क्योंकि उन्होंने अपनी राह में आने वाली समस्याओं को अपनी सफलता की सीढ़ी बना लिया था।

'मेरा लक्ष्य अब भी वही है,
जो मैंने बचपन में बना लिया था :
मैं दुनिया पर शासन करना चाहती हूँ।'

- मैडोना

92

इजाडोरा डंकन (1877–1927)

आधुनिक नृत्य की जननी के रूप में विख्यात इजाडोरा डंकन ने कभी किसी डांस क्लास में डांस नहीं सीखा। वे बहुत ग़रीब परिवार में पैदा हुई थीं और सिर्फ़ पाँचवीं तक ही पढ़ी थीं। बहरहाल, उनकी सफलता का अनुमान इसी बात से लगाया जा सकता है कि उन्होंने एथेंस, बर्लिन, लंदन, न्यू यॉर्क और सेंट पीटर्सबर्ग में डांस स्कूल खोले, जो बेहद सफल हुए।

बचपन से ही डंकन में प्रबल आत्मविश्वास था। उनके अनुसार, "मैं एफ़्रोडाइट नक्षत्र में पैदा हुई थी... मेरे जन्म पर मेरी माँ ने कहा था कि यह बच्ची सामान्य नहीं होगी।" डंकन ने अपनी माँ की भविष्यवाणी पूरी की। दस साल की उम्र में उनमें इतनी हिम्मत आ गई थी कि उन्होंने पढ़ाई छोड़ दी और अपना ख़ुद का डांस स्टूडियो खोल लिया।

डंकन 19 साल की उम्र में मवेशियों के जहाज पर यूरोप आईं। जब वे लंदन आईं, तो उनकी स्थिति भी मवेशियों जैसी ही थी। बहरहाल, उनमें महान लोगों, कलाकृतियों तथा पुस्तकों से ज्ञान अर्जित करने की अनंत पिपासा थी। महान लोगों से प्रेरणा पाकर उन्होंने ख़ुद की सफलता की प्रोग्रामिंग कर ली। जब भी वे किसी शहर में जाती थीं, तो सबसे पहले वहाँ के कला संग्रहालय या पुस्तकालय में जाती थीं। उन्होंने कई भाषायें सीखीं, जिनमें फ़्रांसीसी, जर्मन, हंगेरियन, रूसी और इतालवी भाषायें शामिल हैं। इस तरह उन्होंने ख़ुद को सफलता के लिये तैयार किया।

फ़्रांस में इस नर्तकी ने घंटों मानवीय शरीर-रचना का अध्ययन किया, ताकि वे गति की ऊर्जा के स्रोत को समझ सकें। डंकन अपनी सफलता का श्रेय अपनी प्रबल इच्छा शक्ति तथा लगन को देती हैं, 'इच्छा की आंतरिक शक्ति जीवन को दिशा देती है... मैंने अपने सपने का पीछा किया और आधुनिक नृत्य का सृजन करने के प्रयोग किये।'

'स्थितियाँ निराशाजनक नहीं होतीं;
सिर्फ़ ऐसे लोग होते हैं,
जो उनके बारे में निराश हो चुके हैं।'

- मार्शल फ़र्डिनन्ड फ़ोक

93

एडमिरल रिचर्ड बर्ड (1888–1957)

एडमिरल रिचर्ड बर्ड उत्तरी और दक्षिणी ध्रुवों के ऊपर से हवाई उड़ान भरने वाले पहले व्यक्ति थे। वे अंटार्कटिका की कई हवाई उड़ानों और रोमांचक थल अभियानों के लिये विख्यात हैं।

बर्ड बचपन में ही एडमिरल पियरी द्वारा उत्तरी ध्रुव तक पहुँचने के साहसिक संघर्ष से प्रेरित हो चुके थे। बारह वर्ष की उम्र में उन्होंने अपनी डायरी में लिखा, 'मैंने फ़ैसला कर लिया है कि मैं उत्तरी ध्रुव पर पहुँचने वाला पहला आदमी बनूँगा।' उन्होंने तत्काल इस रोमांचक अभियान के लिये ख़ुद को तैयार करना शुरू किया। उन्हें ठंडे मौसम से चिढ़ थी, परंतु उत्तरी ध्रुव की ठंड का सामना करने के लिये उन्होंने अपने शरीर को कठोर बनाया। सर्दियों में भी वे कम से कम कपड़े पहनने लगे, ताकि उनका शरीर ठंड सहन करने का आदी हो जाये।

बहरहाल, अभी उनका इम्तहान बाक़ी था। जब वे अमेरिकी नौसेना में नौकरी कर रहे थे, तो उनके पैर की हड्डी टूट गई और उन्हें 28 साल की उम्र में शारीरिक अक्षमता की वजह से रिटायर कर दिया गया। ज़्यादातर लोगों ने इस स्थिति में हार मान ली होती। परंतु बर्ड ने अपने सपने को पूरा करने के लिये दूसरे रास्ते की तलाश की। उन्होंने सोचा कि अगर वे उत्तरी ध्रुव तक पैदल नहीं पहुँच सकते, तो हवाई जहाज से तो पहुँच ही सकते हैं। अंततः एडमिरल रिचर्ड बर्ड उत्तरी और दक्षिणी ध्रुवों के ऊपर हवाई उड़ान भरने वाले पहले व्यक्ति बने।

बर्ड का जीवन एक प्रेरक उदाहरण है कि विषम परिस्थितियों और बाधाओं के बावजूद सफलता पाई जा सकती है, बशर्ते हमारे लक्ष्य स्पष्ट हों और हममें संघर्ष करने का माद्‌दा हो।

'आग सोने को परखती है,
विपत्ति महान मनुष्यों को।'

\- सेनेका

94

वाल्ट डिज़नी (1901–1966)

मिकी माउस और डोनाल्ड डक के रचयिता तथा डिज़नीलैंड के संस्थापक वाल्ट डिज़नी को जीवन भर संघर्ष करना पड़ा। वे आठ बार नर्वस ब्रेकडाउन के शिकार हुए और एक बार तो उन्होंने आत्महत्या करने की कोशिश भी की। बहुत कम शिक्षित वाल्ट डिज़नी की सफलता इसी बात से जानी जा सकती है कि फ़िल्म-निर्माता के रूप में उन्हें 26 अकादमी पुरस्कार मिले।

26 साल की उम्र में जब उन्होंने अपना पहला सफल कार्टून *ओसवाल्ड द रैबिट* तैयार किया, तो डिस्ट्रिब्यूटर ने उसे उनसे चुरा लिया। 27 साल की उम्र में वे *मिकी माउस* के साथ वापस लौटे, परंतु अपनी कंपनी को बचाने के लिये उन्हें अपनी कार बेचनी पड़ी। 29 साल की उम्र में एक डिस्ट्रिब्यूटर ने उन्हें डेढ़ लाख डॉलर का चूना लगाया। 31 साल की उम्र में फ़िल्मों में रंगीन फ़िल्मों की लागत ने उनकी कंपनी को लगभग दिवालिया कर दिया। द्वितीय विश्वयुद्ध के दौरान अमेरिकी नौसेना ने उनका स्टूडियो छीन लिया।

जब उन्होंने अपने जीवन की साँझ में कैलिफ़ोर्निया में डिज़नीलैंड बनाने का फ़ैसला किया, तो बोर्ड ऑफ़ डायरेक्टर्स ने इस काम के लिये पूँजी देने से मना कर दिया। उनके भाई रॉय ने तो उनसे यह तक कह दिया, 'वाल्ट, अब तुम सचमुच पागल हो गये हो।' विशेषज्ञों ने उनकी खिल्ली उड़ाते हुए सार्वजनिक रूप से बयान दिया, 'यह मूर्खतापूर्ण कल्पना है और यह योजना किसी हालत में सफल नहीं होगी।' परंतु डिज़नी ने हार नहीं मानी। उन्होंने विशेषज्ञों की एक नहीं सुनी। डिज़नीलैंड बनाने के लिये उन्होंने अपना घर तथा जीवन बीमा पॉलिसी बेच दी। वाल्ट डिजनी अंततः सफल इसलिये हुए, क्योंकि उन्हें ख़ुद पर और अपने सपने पर भरोसा था।

'किसी नौकरी का कोई
भविष्य नहीं होता।
भविष्य तो उस व्यक्ति का होता है,
जो नौकरी करता है।'

- जॉर्ज क्रेन

95

ग्रेटा गारबो (1905–1990)

मशहूर फ़िल्म अभिनेत्री ग्रेटा गारबो का नाम कौन फ़िल्मप्रेमी नहीं जानता! स्वीडन में पैदा होने वाली और अमेरिका में अपने अभिनय की धूम मचाने वाली ग्रेटा गारबो का असली नाम ग्रेटा गुस्टाफ़सन था। अपनी सुंदरता और अभिनय के जादू से उन्होंने बरसों तक लाखों लोगों के दिलों पर राज किया और लाखों डॉलर कमाये।

ग्रेटा गारबो को यह शोहरत और दौलत चाँदी की तश्तरी में नहीं मिली। इसके लिये उन्हें बहुत संघर्ष करना पड़ा। जब वे चौदह साल की थीं, तो उनके पिता का देहांत हो गया। परिवार में इतनी ग़रीबी छा गई कि ग्रेटा गारबो को घर ख़र्च चलाने के लिये कुछ समय तक एक नाई की दुकान पर काम करना पड़ा। वे शेविंग मग में साबुन के झाग उठाती थीं और ग्राहकों के चेहरे पर लगाती थीं, ताकि इस बीच नाई अपने उस्तरे पर धार कर ले। इस काम के साथ ही गारबो बेहतर नौकरी की खोज भी करती रहीं। आख़िर उन्हें एक डिपार्टमेंटल स्टोर में हैट बेचने की नौकरी मिल गई।

सोलह साल की उम्र में ग्रेटा ने हैट के एक विज्ञापन में मॉडलिंग की। उस विज्ञापन को देखकर एक फ़िल्म निर्देशक ने ग्रेटा को ड्रामा स्कूल में अभिनय सीखने की सलाह दी, ताकि वे अभिनेत्री के रूप में सफल हो सकें। ग्रेटा के सामने चुनाव बहुत कठिन था। एक तरफ़ थी नौकरी, नियमित तनख़्वाह, आर्थिक सुरक्षा और दूसरी तरफ़ था बरसों तक संघर्ष, फ़िल्मी जीवन की आर्थिक अनिश्चितता, जिसमें सफलता की कोई गारंटी नहीं थी। बहरहाल, उन्होंने अपने सपने की ख़ातिर जोखिम लेते हुए नौकरी छोड़ दी और अभिनय सीखने का विकल्प चुना। अगर वे ऐसा नहीं करतीं, तो शायद ज़िंदगी भर हैट ही बेचती रहतीं।

*'यदि आपमें तैयारी करने
की इच्छा नहीं है,
तो जीतने की इच्छा का
कोई मूल्य नहीं है।'*

- लुई पास्चर

96

सर एडमंड हिलेरी (1919-2008)

सर एडमंड हिलेरी का जीवन रोमांचक अभियानों से भरा था। वे विश्व के सबसे ऊँचे पर्वत शिखर माउंट एवरेस्ट पर पहुँचने वाले पहले व्यक्ति थे। उन्होंने 29 मई 1953 को यह ऐतिहासिक काम किया। इसके बाद भी उनके रोमांचक अभियानों का सिलसिला ख़त्म नहीं हुआ। बाद में वे कई दलों को लेकर माउंट एवरेस्ट के शिखर पर पहुँचे। 1955 में वे अंटार्कटिका के अभियान पर गये। 4 जनवरी 1958 को वे ट्रैक्टर से दक्षिणी ध्रुव पर पहुँचे। 1912 में रॉबर्ट एफ. स्कॉट के बाद थल मार्ग द्वारा वहाँ पहुँचने वाले वे पहले व्यक्ति थे।

न्यूजीलैंड में जन्मे हिलेरी को बचपन से ही पर्वतारोहण का चस्का था। उन्होंने न्यूजीलैंड के पर्वतों पर चढ़कर पर्वतारोहण का अनुभव हासिल किया। आख़िर वह कौन सी वजह थी कि एडमंड हिलेरी ने वह काम कर दिखाया, जो उनसे पहले कोई दूसरा नहीं कर पाया था? इसकी वजह यह थी कि हिलेरी ने हार नहीं मानी। अपनी लगन और दृढ़ इच्छाशक्ति की बदौलत वे माउंट एवरेस्ट के शिखर पर पहुँचने में कामयाब हुए।

जब 1951-52 में पहली बार हिलेरी ने माउंट एवरेस्ट पर चढ़ने की कोशिश की, तो वे असफल हो गये। परंतु उन्होंने ठान लिया था कि वे इस असंभव दिख रहे काम को संभव बनायेंगे। अपने असफल माउंट एवरेस्ट अभियान के बाद जब हिलेरी लंदन लौटे, तो वहाँ उनके साहसिक अभियान के लिये उनके सम्मान में एक दावत दी गई, जिसमें अभिजात्य वर्ग के लोग उपस्थित थे। मंच पर माउंट एवरेस्ट की तसवीरें लगी थीं। जब हिलेरी जनता को संबोधित करने आये, तो उन्होंने पहाड़ की तसवीर की ओर देखते हुए कहा, 'माउंट एवरेस्ट, तुमने मुझे हरा दिया है। परंतु मैं फिर लौटूँगा और तुम्हें हरा दूँगा, क्योंकि तुम जितने बड़े हो, उससे बड़े नहीं हो सकते, जबकि मैं हो सकता हूँ।'

'कोई भी यह नहीं जानता
कि वह क्या कर सकता है,
जब तक कि वह कोशिश न करे।'

- पब्लिलियस साइरस

97

सर रॉजर बैनिस्टर (1929-2018)

सर रॉजर बैनिस्टर ब्रिटेन के डॉक्टर थे, परंतु इतिहास में उनका नाम धावक के रूप में अमर है। 6 मई 1954 को बैनिस्टर ने एक मील की दौड़ 3 मिनट 59.4 सेकंड में पूरी करके विश्व रिकॉर्ड बनाया था। उनकी महान उपलब्धि के लिये उन्हें 'सर' की उपाधि से विभूषित किया गया था।

आख़िर बैनिस्टर ने यह रिकॉर्ड बनाकर ऐसा कौन सा काम कर दिया था, जिसकी वजह से उनका नाम अमर हो गया। दरअसल उन्होंने एक असंभव दिखने वाले काम को संभव कर दिखाया था। सदियों से लोगों का यह विश्वास था कि चार मिनट से कम समय में एक मील दौड़ना किसी भी व्यक्ति के लिये संभव नहीं है। विशेषज्ञों ने दावा किया कि इंसान के फेफड़ों में इतनी तेज़ दौड़ने की शक्ति नहीं होती। सब यही मान चुके थे कि कोई भी आदमी चार मिनट से कम समय में एक मील नहीं दौड़ सकता।

तभी रॉजर बैनिस्टर ने यह साबित कर दिया कि डॉक्टर, प्रशिक्षक और उसके पहले दौड़ने वाले लाखों धावक, सब के सब ग़लत थे। सबसे हैरानी की बात यह थी कि रॉजर बैनिस्टर द्वारा चार मिनट में एक मील दौड़ने के अवरोध को तोड़ने के दो महीने बाद ही एक अन्य धावक ने उनके रिकॉर्ड को तोड़ दिया और अगले साल तो 37 धावकों ने यह काम किया। बैनिस्टर ने न सिर्फ़ चार मिनट के अवरोध को तोड़ा था, बल्कि उन्होंने सदियों से चले आ रहे मानसिक अवरोध को भी तोड़ दिया था।

सर रॉजर बैनिस्टर के इस प्रसंग से यह साबित होता है कि जब तक हम किसी काम को असंभव मानते हैं, तब तक उसे करना संभव नहीं होता। वह तभी संभव होता है, जब हम उसे संभव मान लें।

'इच्छा सफलता का
शुरुआती बिंदु है।
यह हमेशा याद रखें :
जिस तरह छोटी आग से कम
गर्माहट मिलती है, उसी तरह
कमज़ोर इच्छा से कमज़ोर
परिणाम मिलते हैं।'

- नेपोलियन हिल

98

ब्रूस ली (1940–1973)

33 वर्ष की अल्पायु में ही ब्रूस ली ने कुंग फू विशेषज्ञ और फ़िल्मी अभिनेता के रूप में दुनिया भर में सफलता के झंडे गाड़ दिये।

ब्रूस ली के पिता एक ओपेरा कंपनी में छोटे कलाकार थे और उनका परिवार हांगकांग में दो कमरों के छोटे से फ़्लैट में रहता था। पढ़ने में उनकी ज़रा भी दिलचस्पी नहीं थी। 10 साल की उम्र तक वे बस गिनना सीख पाये थे। सुनहरे भविष्य की तलाश में वे सिर्फ़ 115 डॉलर के साथ अमेरिका आये। उनका सपना था सबसे अधिक वेतन वाला तथा सबसे लोकप्रिय एशियाई अभिनेता व मार्शल आर्टिस्ट बनना।

उन्होंने टी.वी. सीरियल और फ़िल्मों में छुटपुट भूमिकायें कीं। तभी एक दुर्घटना हुई। वेटलिफ़्टिंग करते समय उनकी कमर में गंभीर चोट आ गई। डॉक्टरों ने कहा कि वे कभी कुंग फू की दुनिया में नहीं लौट पायेंगे। परंतु अपने संकल्प तथा लक्ष्य की प्रेरणा की बदौलत ब्रूस ली एक साल में दुबारा कुंग फू की दुनिया में लौट आये।

जब फ़िल्मकार रेमंड चाऊ ने उन्हें *द बिग बॉस* और *द फ़िस्ट्स ऑफ़ फ़्यूरी* के लिये अनुबंधित कर लिया, तो कई प्रोड्यूसरों ने उन्हें अनुबंध तोड़ने के लिये प्रलोभन दिये। एक प्रोड्यूसर ने तो उन्हें कोरा चेक थमा दिया और कहा कि वे उसमें अपनी मनचाही रक़म भर लें। परंतु ब्रूस ली उसूलों के पक्के थे; उन्होंने इस प्रलोभन को ठुकरा दिया। इस दौरान ब्रूस ली हर दिन बीस घंटे मेहनत करते थे। ऐसा लग रहा था जैसे उन्हें मौत की आहट सुनाई दे गई थी, इसलिये वे अपने बचे हुए समय में जितना कर सकते थे, जल्दी कर देना चाहते थे। *एंटर द ड्रैगन* पूरी करने के कुछ समय बाद ही वे दर्दनिवारक दवा के प्रति अति संवेदनशीलता की वजह से मर गये, परंतु तब तक वे अपने लक्ष्य हासिल कर चुके थे।

*‘ज़िंदगी में कभी शह,
कभी मात चलती है,
मगर मनोबल की मात नहीं
होनी चाहिये।’*

- अमिताभ बच्चन

99

अमिताभ बच्चन (जन्म : 1942)

भारतीय फ़िल्म जगत के सुपरस्टार अमिताभ बच्चन किसी ज़माने में कोलकाता की सड़कों पर फ़ाइल दबाकर नौकरी की तलाश में भटका करते थे। फिर जब वे अभिनेता बनने का सपना लेकर मुंबई आये, तो उनके पास सिर्फ़ एक ड्राइविंग लाइसेंस था। उनका विचार था कि अगर वे अभिनेता नहीं बन पाये, तो टैक्सी चलाकर अपना पेट भरेंगे। परिस्थितियाँ प्रतिकूल थीं। उनकी शुरुआती फ़िल्में पिट गईं। उन्हें कई बार मैरीन ड्राइव की बेंच पर सोना पड़ा। परंतु उन्होंने हिम्मत नहीं हारी।

दिलचस्प बात यह है कि बाद में अपनी दमदार आवाज़ की वजह से देश भर में धूम मचाने वाले अमिताभ को आकाशवाणी ने अयोग्य घोषित कर दिया था और एक फ़िल्म *रेशमा और शेरा* में उन्होंने एक गूँगे की भूमिका निभाई। 1975 में *दीवार* और *शोले* एक साथ रिलीज हुईं, जिन्होंने अमिताभ को सुपरस्टार का दर्जा दिलवा दिया।

अमिताभ की लोकप्रियता इसी बात से समझ में आती है कि *कुली* की शूटिंग के दौरान जब अमिताभ के पेट में चोट लगी और उनका जीवन ख़तरे में था, तब पूरे देश में लोग प्रार्थना कर रहे थे। उनके चाहने वाले उन्हें भगवान की तरह पूजते हैं। उनके एक भक्त ने कोलकाता में अमिताभ का मंदिर बनवाया, जिसमें ईश्वर की जगह पर अमिताभ की मूर्ति रखी है।

फ़िल्मों की असीम लोकप्रियता के बाद भी अमिताभ का संघर्ष ख़त्म नहीं हुआ। 1995 में उन्होंने ए.बी.सी.एल. कंपनी बनाई, जो दिवालिया हो गई। उन पर 90 करोड़ का क़र्ज़ हो गया और अदालत में 55 केस चलने लगे। उनके पास सिर्फ़ एक घर बचा था और उस पर भी कुर्की के आदेश थे। अमिताभ चाहते तो ख़ुद को दिवालिया घोषित करके बच सकते थे, परंतु वे उसूलों के पक्के थे। इसलिये उन्होंने विज्ञापन किये तथा कड़ी मेहनत करके एक-एक पाई चुका दी। उनकी लोकप्रियता की वजह से उनके द्वारा प्रस्तुत टी.वी. क्विज कार्यक्रम *कौन बनेगा करोड़पति* भारत का नंबर वन शो बन गया।

'आपकी सफलता का
आकार कितना बड़ा होगा,
यह आपके विश्वास के
आकार से तय होता है।
अगर आपके लक्ष्य छोटे होंगे,
तो आपकी सफलता भी छोटी होगी।
अगर आपके लक्ष्य बड़े होंगे,
तो आपकी सफलता भी बड़ी होगी।'

- डेविड जे. श्वार्ट्ज

100

मुहम्मद अली (1942-2016)

अपने बड़बोलेपन और खूँखार अंदाज़ की वजह से मशहूर मुहम्मद अली (कैसियस क्ले) ने तीन बार विश्व हैवीवेट बॉक्सिंग का ख़िताब जीता था।

उनके पिता साइनबोर्ड पेंटर थे और माँ घरेलू नौकरानी। बचपन में वे एक परोपकारी संस्था द्वारा दान में दिये गये कपड़े पहनते थे। 12 वर्ष की उम्र में उन्होंने यह संकल्प कर लिया कि वे दुनिया के महानतम बॉक्सर बनेंगे। इसके लिये वे छह घंटे तक कठोर प्रशिक्षण लेते थे। अपने प्रतिद्वंद्वियों को परास्त करने के लिये उन्होंने मनोवैज्ञानिक तकनीकों का भी इस्तेमाल किया। वे अक्सर मुक़ाबले से पहले और इसके बीच में कहा करते थे, 'मैं सबसे महान हूँ,' ताकि उनके प्रतिद्वंद्वी का मनोबल कम हो जाये।

रोम ओलंपिक में स्वर्ण पदक जीतने के कुछ समय बाद जब वे एक रेस्तराँ में गये, तो वेटर ने उनसे कहा, 'माफ़ कीजिये, हम अश्वेतों को यहाँ प्रवेश नहीं देते हैं।' अपमानित अली ने सोचा कि अगर ओलंपिक में स्वर्ण पदक जीतने के बाद भी उन्हें अपने देश में सम्मान नहीं मिल रहा है, तो उसका क्या लाभ है। कहा जाता है कि इस घटना के बाद उन्होंने अपने गले से स्वर्ण पदक उतारकर ओहियो नदी में फेंक दिया।

वियतनाम युद्ध के दौरान अली को युद्ध में जाने का आदेश दिया गया, परंतु उन्होंने कहा कि शांतिवादी संगठन नेशन ऑफ़ इस्लाम के सदस्य होने की वजह से वे युद्ध में नहीं जायेंगे। इस पर उन्हें बॉक्सिंग की दुनिया से बहिष्कृत कर दिया गया। सरकार ने उनका पासपोर्ट ज़ब्त कर लिया, ताकि वे विदेश में किसी बॉक्सिंग चैंपियनशिप में हिस्सा न ले पायें। साढ़े तीन साल बाद के निर्वासन के बाद जब मुहम्मद अली दुबारा बॉक्सिंग की दुनिया में लौटे, तो एक बार फिर उन्होंने हैवीवेट बॉक्सिंग का ख़िताब जीतकर यह साबित कर दिया था कि वे सचमुच महानतम हैं।

'जिस दिन आप अपने
बारे में पूरी ज़िम्मेदारी लेते हैं,
जिस दिन आप बहाने
बनाना बंद कर देते हैं,
उसी दिन आप शिखर की
ओर की यात्रा शुरू करते हैं।'

- ओ. जे. सिम्पसन

101

ओपरा विनफ़्री (जन्म : 1954)

एम्मी अवार्ड जीतने वालीं ओपरा विनफ़्री अपने मशहूर *ओपरा विनफ़्री शो* के माध्यम से 40 करोड़ डॉलर से अधिक कमा चुकी हैं। किंग वर्ल्ड अब उनके शो पर इतना निर्भर है कि *वॉल स्ट्रीट जरनल* में जब यह अफ़वाह छपी कि विनफ़्री उनका शो छोड़ने पर विचार कर रही हैं, तो डिस्ट्रिब्यूटर के शेयरों की क़ीमतें गिर गईं। उनका यह शो इतना लोकप्रिय है कि अगर वे इसमें किसी लेखक को आमंत्रित करती हैं या किसी पुस्तक की प्रशंसा करती हैं, तो जल्दी ही उस पुस्तक की बिक्री डेढ़ लाख के आँकड़े को छू लेती है।

बचपन से ही विनफ़्री पढ़ने में तेज़ थीं, परंतु उनका जीवन दुखों से भरा था। विनफ़्री के पिता उनके साथ नहीं रहते थे और उनकी माँ के कई विश्वासपात्र मित्र नौ वर्ष की उम्र से विनफ़्री का शारीरिक शोषण करने लगे थे। दहशत की वजह से उन्होंने यह बात किसी को नहीं बताई, परंतु एक दिन वे अपनी माँ के पर्स में से पैसे चुराकर घर से भाग गईं। इसके बाद वे अपने पिता के घर पर रहने लगीं। यहाँ उनकी प्रतिभा को देखकर सी.बी.एस. टेलीविजन स्टेशन ने उन्हें शाम के समाचार पढ़ने के लिये आमंत्रित किया। इस पद पर काम करने वाली वे नैशविले की पहली अफ़्रीकी-अमेरिकी महिला थीं।

1977 में वे *बाल्टीमोर इज़ टॉकिंग* नामक शो में होस्ट बनीं। सात साल तक चलने वाला यह शो एक तरह से *ओपरा विनफ़्री शो* की रिहर्सल था। 1984 में *विनफ़्री* को शिकागो भेजा गया, ताकि वे वहाँ पर *ए.एम. शिकागो* नाम के उबाऊ शो को लोकप्रिय बनायें। उन्होंने तत्काल कुकिंग और मेकअप जैसे हलके-फुलके विषयों को हटाकर विवादास्पद और समकालीन मुद्‌दे लेना शुरू कर दिये। तीन महीने बाद जब यह शो अमेरिका का सबसे लोकप्रिय शो बन गया, तो इसका नाम बदलकर *ओपरा विनफ़्री शो* कर दिया गया और यहीं से उनकी सफलता की सच्ची यात्रा प्रारंभ हुई।

अनुक्रमणिका

डॉ. सुधीर दीक्षित *टाइम मैनेजमेंट, सफलता के सूत्र, 101 मशहूर ब्रांड्स* और *अमीरों के पाँच नियम* सहित सात लोकप्रिय पुस्तकों के लेखक हैं, जिनमें से कुछ के मराठी व गुजराती भाषाओं में अनुवाद हो चुके हैं। इसके अलावा उन्होंने हैरी पॉटर सीरीज़, चिकन सूप सीरीज़ तथा मिल्स ऐंड बून सीरीज़ सहित 150 से भी अधिक अंतर्राष्ट्रीय बेस्टसेलर्स का हिंदी अनुवाद किया है, जिनमें रॉन्डा बर्न, डेल कारनेगी, नॉर्मन विन्सेन्ट पील, स्टीफ़न कवी, रॉबर्ट कियोसाकी, जोसेफ़ मर्फ़ी, ब्रायन ट्रेसी आदि बेस्टसेलिंग लेखक शामिल हैं। उन्होंने मशहूर भारतीय क्रिकेट खिलाड़ी सचिन तेंदुलकर की आत्मकथा का हिंदी अनुवाद भी किया है।

हिंदी साहित्य और अँग्रेज़ी साहित्य में स्नातक की उपाधि प्राप्त करने वाले डॉ. दीक्षित अँग्रेज़ी साहित्य में एम.ए. तथा पीएच.डी. भी हैं। उनकी साहित्यिक अभिरुचि की शुरुआत हिंदी जासूसी उपन्यासों से हुई, जिसके बाद उन्होंने अँग्रेज़ी के सभी उपलब्ध जासूसी उपन्यास पढ़े। कॉलेज के दिनों में डेल कारनेगी की पुस्तकों का उन पर गहरा प्रभाव पड़ा। कॉलेज की शिक्षा पूरी करने के बाद डॉ. दीक्षित ने *दैनिक भास्कर, नई दुनिया, फ़्री प्रेस जर्नल, क्रॉनिकल, नैशनल मेल* आदि समाचार पत्रों में कला, नाटक एवं फ़िल्म समीक्षक के रूप में शौक़िया पत्रकारिता की। उन्हें म.प्र. फ़िल्म विकास निगम द्वारा फ़िल्म समीक्षा के लिए पुरस्कृत भी किया गया। चेतन भगत और डैन ब्राउन उनके प्रिय लेखक हैं। डॉ. दीक्षित को पाठक sdixit123@gmail.com पर फ़ीडबैक प्रदान कर सकते हैं।